お坊さんにならう こころが調《ととの》う 朝・昼・夜の習慣

臨済宗 全生庵住職
平井正修

Discover
ディスカヴァー

はじめに

本書では、禅宗の修行生活や、坐禅のことなどを紹介しながら、みなさんが一日を清らかに始め、一日を穏やかに仕舞《しま》うために、「不安や心配な気持ちをしずめ、心を落ち着かせる」方法をお伝えしていきます。

修行も坐禅も、必ずしも科学的に説明がつくものではありません。長い長い時間をかけて、数多くの人々が実践してつちかった、いわば「習慣」です。

いま、心理学や脳科学に基づいた、「心をしずめる方法」が世の中にはたくさんあるようです。しかし、人間の心をどう扱うかと考えるときに、必ずしも科学的なアプローチだけが有用だとは私は思いません。

むしろ、**理屈ではなく、人間の経験に基づく智慧《ちえ》にこそ、私たちの不安な気持ちを解き放ち、穏やかに暮らすためのヒントがあるのではないか**と感じています。

それが、禅寺の修行であり、坐禅なのです。

みなさんは、修行というと、なにか特別なことをしているんじゃないかとか、「水をかぶる」「滝に打たれる」「断食を続ける」といったイメージを持っているかもしれません。

たしかに、たとえば比叡山の「千日回峰行《せんにちかいほうぎょう》」などのように、それは厳しい修行ももちろんあります。テレビなどでは、厳しい修行の映像を好んで流しますから、みなさんの印象に強く残ってしまうのも致し方のないことでしょう。

しかし、私が行ってきた臨済宗の禅道場での修行は、実はそんなに特別なことをしているわけではありません。こと、われわれの禅宗について言えば、修行したからといって、特別な力がつくわけではけっしてないのです。

むしろ、「修行そのものが、修行とも感じられなくなる」ということを、いちばん大切にしています。

修行僧はこんな一日を過ごしている

私が修行をしたのは、平成二年からの一一年間。静岡県三島市にある、龍澤寺という臨済宗の専門道場です。そこでは、あくまでも日常の生活を送ります。

どんな職業にも、それぞれその職業なりの生活スタイルがあるでしょう。サラリーマン、職人、主婦、学生……それぞれの日常があります。それと同様に、私が経験した禅宗の修行とは、あくまでも「修行者にとっての日常生活」にすぎません。

修行中は毎朝三時半くらいに起床するのですが、新聞配達をする方はもっと早く起きているでしょうし、早く起きる行為自体は特別なことではないでしょう。

起きたらお経を読んで、坐禅をして、朝ごはんをいただきます。そして掃除など、さまざまな「作務《さむ》」をして、お昼ごはんをいただきます。

午後からはまた作務をして、夕ごはんをいただき、また坐禅をして寝る。ただ、それだけの毎日です。

「作務」というのは、要するに会社員の方が言うところの「仕事」です。

私がいた道場は山の中にありましたので、山に入って、枝打ちや間伐のような仕事もしましたし、田んぼもありましたので、田植えも草取りもしました。あるいは、畑仕事もやる。当然、掃除もするということです。

日中はそういう「仕事」をして、夜はまた坐禅して寝る――本当に、そんなシンプルな生活の繰り返しなのです。

「修行」イコール「苦しい」「我慢しなきゃいけない」と感じる方が多いでしょう。たしかに何をやるにも、多少の忍耐が伴わないことはないわけですから、多少の我慢は必要です。

しかし修行道場で、ずっと我慢し続けていたのだとしたら、それでは修行を成就したとはいえません。


臨済宗では、修行道場に三年いたという証明書があると、住職になれます。しかし、毎日を我慢、我慢で過ごして、カレンダーに毎日「×印」をつけるような日々をいやいや送っていたとしたら、結局、道場から帰ってきても元の木阿弥になってしまうでしょう。

我慢するだけで修行が終わってしまったとしたら、それはもしかしたら、修行をしないほうがよかったんじゃないか、という結果になることもあるわけです。

そうならないためには、どこかで自分自身で心を転換させることが必要になります。

小さな行動を習慣にすることで心身が調《ととの》う

一般の方は禅道場で暮らしているわけではありませんから、たとえば坐禅ひとつをとって、家で毎日しましょうといっても、なかなかできることではないと思います。坐禅という体験をしたことがない人であればなおさら、だれかに禅寺に連れられてくるということでもないと、一人でやるのはなかなか難しいことでしょう。

まず、正しい足の組み方がわからないし、何を考えればいいのかわからない。そもそも家の中は生活する日常の空間ですから、気持ちを切り替えるのも難しいかもしれません。

そこで、意識していただきたいのが「習慣」です。禅僧が毎日、あたりまえのように坐禅をする。それと同じように、ちょっとした行為を習慣にして、毎日理由は考えずに必ずやる、いわばルーティンです。

日々の生活で、意識して習慣を決め、まるで禅の修行のように続けていけば、最初は面倒くさいことでも、だんだん我慢してやっている状態ではなく、それがあたりまえになってきます。それが、禅の修行における「頭を切り替える」ということにつながってくるのです。

そもそも修行とは、心、体、そして習慣の基本を勉強することです。習慣を身につけることによって、生活の形をつくっているわけです。それによって、人間の中身も自然と調っていくということです。

本書で紹介するのは、そんな私たちの習慣です。そんなに奇をてらったものはありません。繰り返しますが、理屈でもありません。科学的でもないでしょう。ただ一つ言えることは、最終的にいちばん大切なのは、人間の心だということです。

なぜなら、あらゆる行為はその人の心から成り立っているのですから。

自分の心のありようを見つめ、できるだけ正しくあろうとする——それが修行、坐禅です。

ぜひ、**私たちが行っていることを参考にして、みなさんの朝、昼（日中）、夜の習慣を少しだけ変えてみてください。**本書では全部で四六項目をご紹介していますが、まずはご自分ができそうなものからやってみていただいてかまいません。

みなさんが、不安や心配な気持ちをしずめ、心を調えるヒントを、私たち坊さんの習慣の中から見出していただけるのであれば、なにより幸せです。

お坊さんにならう　こころが調う　朝・昼・夜の習慣

もくじ

第1章

一日を清らかに始める「朝の習慣」

第2章

心をざわつかせない「昼（日中）の習慣」

第3章

一日を穏やかに仕舞《しま》う「夜の習慣」

第4章 それでもまだ晴れない心が調《ととの》う「禅的考え方」

第1章

一日を清らかに始める「朝の習慣」

目覚まし時計が鳴ったら、パッと起きる

朝、目覚まし時計が鳴ってもなかなか起きられない。「もうちょっと、もうちょっと」と、布団の中でもぞもぞしてしまうという人は多いと思います。実は、私だってそうです。

修行道場には、みんなを起こす当番がいます。毎朝決まった時間になると、鈴音を鳴らしながら「開静《かいじょう》！」と言って回ってきます。

私たちはみんなで大部屋に並んで寝ているのですが、それはもう起きざるを得ません。一人だけ寝ているというわけにはいきませんから。

「坐って半畳、寝て一畳」という言葉がありますが、まさにそのとおりです。修行道場での集団生活においては、自分のスペースは一畳。布団を敷いたスペースだけです。それ以上は必要ないですから、十分な広さでしょう。

一緒に寝泊まりする人数は、いちばん多いときで二〇人くらい、少ないときだと五人だったこともあります。

だいたい起床は、三時半とか四時です。その時間になったら鈴が鳴らされて、みんな無理やり起こされるわけです。

起きたら、まず自分の布団をたたんで、棚の上に置きます。起きた瞬間から、やるべきことが決まっているわけです。

やるべきことが決まっているから、起きざるを得ないともいえるでしょう。

何時に目覚まし時計をかけるのかは、その人によって違うと思いますが、では、なぜ目覚ましをセットしたのでしょうか。

それはその日、その時間に起きなければいけないと、昨日思ったからです。ということは、やるべきことがあるわけです。お休みの日で、何も予定がなければ目覚ましはかけませんよね。

目覚ましをかけたということは、その日この時間に起きないといけないという、なんらかの予定があるわけですから、そこをまず思い出しましょう。「そもそも、なんで私、こんな時間に目覚ましをかけたんだっけ？」ということです。

なかなか起きられないのには、いろいろな理由があると思います。すごく体が疲れているとか、前日に飲みすぎたとか。でも、決まった予定があって、起きなきゃいけないのだから、早く起きたほうがいいということです。

パッと起きないと、どんどん起きるのがつらくなります。目覚ましが鳴った、あと五分、あと三分、寒い、眠い――いろいろなことを考え出すと、どんどん起きるのが億劫になっていきます。

だったら、**目覚ましが鳴ったら、すぐに起きたほうが楽なのです。**

目覚まし時計が鳴ったら、余計なことを考えずにパッと起きる。
それが、**朝のつらい時間を短くすることにもつながる**のです。

起きたらすぐに布団を上げる

道場では、起床したらすぐに布団を上げて、手洗い、洗面をすませ、衣を着て、禅堂の自分が坐るところに行きます。その間、一〇分かからないぐらいです。とにかく、最初のうちは徹底的に急がせます。**なぜそんなに急がせるのかというと、余計な気持ちを生まれさせないためです。**

人間は、余裕が出ると、余計なことしかしません。お金や時間のことを考えるとわかるでしょう。だから、まずはすごくギリギリで、「急げ、急げ」という生活を送ら

せるのです。

実際には、だれかが一〇分という時間を計っているわけではありません。できるだけ急いで朝にするべきことをして、全員が揃ったら読経、坐禅を始めます。

ノロノロしていたら怒られますが、時計を見て「何分に集合！」というわけではありません。しかし、集団心理といいますか、「みんなが揃っているのに、自分だけ遅れるとまずい」という意識があるから、全員が自然に急ぐのです。


私はこの「急ぐ」ということが、特に朝の時間では重要なのではないかと思います。目覚ましが鳴ったら、ノロノロせずに起きる。その後の行動は急いでやる。**起きてからだらだらしてしまうと、何をするのもどんどん億劫になるだけです。**

布団上げ、手洗い、洗面、着替え——どれも必ずしなければならないこと。しなければならないなら、ぐずぐずしないですぐにやる。**朝の行動のうち、そこを変えるだけでも、一日の行動に影響してくるはずです。**

起きてからの一〇分間のルーティンを、急いですませる——何も考えずに、ただ急いでやってしまえばいいのです。

修行道場では、朝は原則として歯磨きはしません。うがいくらいです。なにせ、水は、手ですくって三杯ぐらいしか使いませんから。

手を洗って、顔を洗って、うがいをする。これを、片手三杯の水で行います。

私が修行をした龍澤寺は、幸いなことに水が豊富でしたから、いくらか多めに使っても怒られませんでしたが、結局「もったいない」の心なのです。

水だって一つの命だということです。一生分の食い扶持《ぶち》というのは、持って生まれてくるもので、あんまり大食いすると、年を取ってから食えなくなるといいますが、水も同じことです。

使い過ぎると、あとでなくなるよ。大事に使いましょう——ということです。

全生庵をつくった山岡鉄舟先生の、禅のうえでの最後の師匠は、由理滴水《ゆりてきすい》という老師さまでした。

滴水老師が若かりしころ、岡山の曹源寺《そうげんじ》というお寺で修行したときの話です。

自分のお師匠さんがお風呂に入っていたのですが、「ちょっと熱い」と言われた。

そこで老師が井戸から水を汲んできて、それでうめようとしました。そのとき、桶にちょっとだけたまっていた水を、何気なく床にパッと撒いたら、お師匠さんに「何だ、それは！」と怒られたというのです。その水だって、草木にやれば生きる。なのに、おまえは何も考えずにそこへ捨てた。そんな心構えじゃダメだ、というわけです。それ以来、「一滴の水」という意味で、自分の名前を「滴水」とつけられ、その戒めをずっと守ってこられたそうです。

今の日本では、水道の蛇口をひねればいくらでも水は出ます。私はなにも、片手三杯の水で顔を洗いましょう、と言いたいわけではありません。ただ、起きてからの一〇分間のルーティンは、何も考えずに急いで行えばいいのだけれど、その背景として、それぞれの行動に意味があるということが言いたいのです。

本当は意味があることを、何も考えずに、あたりまえのように行う——それこそが、禅に通じる習慣の考え方なのです。

呼吸を調《ととの》える

朝はとにかくやるべきことがたくさんありますが、心を落ち着かせるためにおすすめなのが、**自分の呼吸を数える**ということです。

私の坐禅会でも初めての人には、「自分の呼吸に集中して、『ひとーつ、ふたーつ』とゆっくり数え、『とーお』（十）になったら、また一から数え直すといいでしょう」と伝えています。

これは「数息観《すそくかん》」という修行です。これならば、オフィスや電車の中などでもできるでしょう。

「**調身・調息・調心**」という禅語があります。「坐禅を組むことで、姿勢を正しくし、正しい呼吸を行う。すると、自然と心も調う」という意味です。不安や悩み、怒り、嫉妬などの感情が軽くなり、心もしずまるのです。

心を落ち着けようとしても、不安が次々と生まれてくると、容易に止めることはできません。その点、**身体や呼吸であれば、意識して調えることができます。**というわけで、まず呼吸を意識してみましょう。

「十まで数える」というのは、そのための一つの方法です。数をかぞえなくても、自然に呼吸を調えることができるようになればそれがいちばんいいのですが、最初のうちは「十まで数える」ことに没頭すれば、いつの間にか理想的な呼吸ができるようになります。

すぐに十まで数えてしまえる人もいます。その場合は、**もっとゆっくり呼吸するようにしてみましょう。**「ひとーつ」をちょっと長くして「ひとーーつ、ふたーーつ」

と深く長い息を吐くようにすると、十までの時間が長くなります。

坐禅を組んでいる場合、だんだん足も痛くなってきます。足に意識が向きそうになったら、呼吸に没頭するのです。

ちなみに臨済宗では、坐禅の際に、目は閉じません。半眼です。開いてもいない、閉じてもいない状態で、何を見るのでもなく、目の前一メートルほどの畳に視線を落とします。曹洞宗の場合は壁に向かいますから、壁の一点を見るともなく見るということになります。

見ているのはただの畳ですから、集中して見ようがありません。目では畳を見ているのだけれど、何も見ていないような状態に自然になってきます。


集中するということは、何か対象がないとできないものです。**畳の部屋で坐禅をしていると、集中できるものは唯一、呼吸しかないのです。**

案外、呼吸を意識したことは少ないと思います。無意識にできているからです。時には自分の呼吸を意識してみましょう。吐いて、吸って。自分の呼吸はこれでいいのだろうか。もっと長く吐いてみようか。鼻から吐くのか、口から吐くのか。吐けば、次には吸わざるを得ません。少し吸うのか、大きく吸うのか。

日常の生活の中でやるのであれば、余計なものが見えないように目をつぶってしまってもいいでしょう。自分の呼吸だけに集中します。そうすると案外、複雑なことを、生まれてこの方あたりまえにしてきたと気づくと思います。

私たちはよく「無になりなさい」と説きますが、いきなり「無になろう」と思っても、何をどうしたらいいのかわからないでしょう。そもそも、「無」という状態がどんな状態かもわからないわけですから。

だから、呼吸です。ほかの情報はできるだけシャットアウトして、自分の呼吸に集中し、吐いて吸うことに没頭してみてください。

たった半畳ほどの空間に、いま自分が確かにいるということ。いまいるのは自分の場所なんだ、そんなことを感じられるかもしれません。

そしてそのとき、不安や怒りといった感情は収まり、穏やかな心になっているはずです。

姿勢を調える

呼吸を調えるのが「調息」ですが、「調身」とは姿勢を正すことです。**ざわざわした心をしずめるために、呼吸と同時に姿勢も調えてみましょう。**

一般的な坐禅の坐り方を紹介しましょう。座布団をお尻の下に敷いて（半分に折ると高さがあって楽になります）、あぐらをかきます。

片方の足（右左、どちらでもかまいません）をたたんで、足首を反対の足の腿《もも》のつけ根あたりの上に置きます。反対の足を折りたたんで下に入れると、「半跏趺坐《はんかふざ》」という坐り方になります。

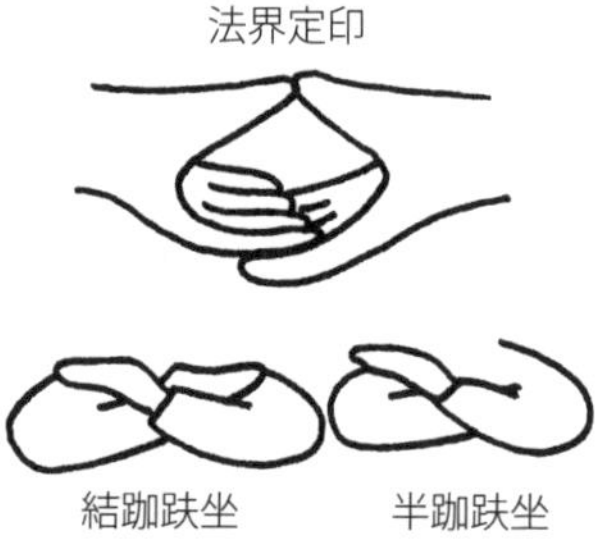

さらに下の足の足首も、上の足の腿に乗せると、「結跏趺坐《けっかふざ》」です。慣れてくると両足を乗せたほうが楽なのですが、はじめのうちは「半跏趺坐」でも十分です。

それもつらいのであれば、正座でも、椅子に腰かけてもかまいませんが、ぜひ半跏趺坐には挑戦していただきたいと思います。

足を組んだら、姿勢を調えます。骨盤をぐっと前に押し出すような感じで、背筋を伸ばしてください。頭を背骨の延長線上に乗せるように意識して、やや下げます。

手の組み方にはいろいろな方法がありますが、ここでは一般的な「法界定印《ほっかいじょういん》」を紹介します。

下腹部あたりにまず右手を、手のひらを上に向けて、軽く開いて置きます。指と指が重なるように、その上に左手を、やはり手のひらを上に向けて乗せます。両手の親指は、かすかに触れるか触れないかぐらいです。

そして、全身の力を抜いて楽にします。**腰を入れて、背中を伸ばすように意識してください。**これが坐禅の姿勢です。

坐禅と聞くと、「警策《けいさく》」を思い浮かべる人が多いでしょう。坊さんが叩く木の棒です。

これは知らない方が多いのですが、臨済宗における警策は、罰ではありません。坐っている人が「お願い」して打ってもらうものです。打ってもらいたいと思わなければ、打たれなくてもかまいません。自分で決めるのです。

坐禅中、眠くなってきたとか、姿勢が落ち着かないとか、次から次へといろいろなことを考えてしまって、落ち着かないこともあるでしょう。そんなときは歩いて回っている坊さんに、合掌をして合図を出します。

すると、目の前で坊さんが立ち止まり、合掌をして「では叩きますよ」と無言の返事をしてくれます。合掌したまま静かに体を倒すと、肩のあたりをパンパンと叩いてくれます。お礼の合掌をして終わりです。

また、**姿勢が落ち着かないと、心も落ち着きません。**最初に坐ったときに、お尻の位置がちょっとよくなかった、足の組み方がおかしかった。するとそれが気になってしまって、呼吸に集中するどころではなくなります。そんなときは、警策をお願いして、坐禅に集中するのです。

坐禅は、すべてが科学で説明がつくものではありません。なぜ、半跏趺坐とか結跏趺坐などと、わざわざ足が痛くなるような坐り方をするのか。なぜ、両手で印を組むのか。警策にはどんな効果があるのか。人間工学や心理学では説明がつかないかもしれません。

ただ、長い長い時間を経て、「これがいちばんいいのではないか」とされてつちかわれた結果なのです。

寺で坐禅をする機会があればそれがいちばんいいのですが、**坐禅の一部だけでも、日常生活に取り入れてみることはできるでしょう。**

姿勢を調え、呼吸に集中してみる。それだけでも、心の不安をしずめる効果が十分にあるはずです。

無意識を意識する

坐禅における「調息」、つまり呼吸を意識してみることには、深い意味があります。それは、自分の中の無意識を意識するということです。

呼吸は、だれもが生まれてこの方、一度も途切れることなくし続けてきたことです。無意識のうちに繰り返しています。

それを、あらためて意識する。それは、ほかにも自分が無意識のうちにしていることに目を向けてみるチャンスでもあるのです。

意識して呼吸をしているうちに、「吐いて吸って」という自分の体の動きが不自然に感じてくることがあります。

「あれ、どんなふうに吐けばいいんだっけ？」「あ、吐くのが短くなった」——**呼吸に没頭していると、ふだんは気にもしなかったことに向かい合うことになります。**

考え出すと、呼吸が乱れてくるときもあります。そしてだんだんと、いつ吸って、いつ吐けばいいのかがわかるわけです。

無意識を、一度ちゃんと意識してみることは大切です。

たとえば、友達だと思っていた異性から「好きです」と告白されたとたんに意識してしまって、それまでどおりに接することができなくなることがあります。

逆に、これまでふつうに接していた人のことを、一度「嫌いだ」と意識してしまうと、今までどおりに話せなくなってしまいます。

どちらも、意識するからです。人間は体と心でできています。無意識のうちに両方のバランスを取っているのですが、心が意識すると、それが崩れてしまうのです。すると、不安が生まれてきます。

一度、無意識を意識してみると、心と体の本来のバランスに気がつきます。**自分の自然なあり方に気がつくことができるのです。**

たとえば、正座のしかた一つをとっても、無意識に坐る人がほとんどでしょう。剣道においては「左座右起《さざうき》」といって、左足から坐り、右足から立ちます。抜刀との兼ね合いがあるからでしょう。

しかし私たち僧侶は、両膝でトンと坐ります。剣道の袴と違って、着物を着ていますから、片足ずつというわけにはいかないのです。

しかし、何も考えずに坐るのと、「こういう坐り方をしなさい」と教わって意識して坐るのとでは、意味が違うはずです。剣道の坐り方にも、坊さんの坐り方にも、それぞれ意味や理由があります。それが時間をかけて、自然にそういう姿になっていったのです。

自然に、無意識にやっていることにも、多くの場合は意味があります。それを意識するかしないか。

結果や形は同じであっても、一回自分の中で考え、消化することで、一段ステップアップし、余裕を持つことができるのです。「客観視」にも通じるでしょう。

「一病息災《いちびょうそくさい》」という言葉があります。少し病気をしている人のほうが、体によく注意するので、まったく健康な人よりもかえって長生きするという意味です。「息災」とは、「仏さまの力によって災いを除く」という意味です。

日頃は自分の体に無関心ですが、病気になったりケガをしたりすると、はじめて健康のありがたみが身にしみてわかるということです。健康を意識するようになるのです。

私たちは、限りなくたくさんの無意識の中で生きています。それを意識すると、病気の人が健康な人以上に体に気をつかうように、自分の心の動きをコントロールできるようになるのです。

まず呼吸からはじめて、無意識を意識してみましょう。

身だしなみを整える

私たちは毎朝、着替えをしています。
ちょっとその時間を意識してみましょう。

服装というものは、何をどんな場面で行うのかという、行動と結びついています。その行動にふさわしい服を着るということです。

会社勤めの男性であれば、朝起きて出かける前にスーツに着替え、ネクタイを結びます。同じく女性も出かける前に、その日に行くところ、会う相手などによって、ふさわしい服装を選んで着替えます。

かっこよく見せよう、おしゃれをしようという以前に、行動と場面にふさわしい服を着ているはずなのです。

裏返せば、**服装を整えることは、行動を整えることにつながります。**服を着替えることで、布団で眠っていた時間を終わらせ、「さあ、やろう」と切り替えることができるわけです。

着替え、身だしなみのチェックは、次の行動を起こすための準備であり、きっかけなのです。そう考えれば、自然と気持ちが引き締まるのではないでしょうか。

修行道場では、ふだんは「雑衣《ざつえ》」と呼ばれる着物を着ています。

特に寝巻というものは着ません。雑衣のまま眠ります。朝起きて手洗い、洗面が終わったら、その上に衣を着ます。読経があるからです。

それは、会社に行くときにネクタイをしたり、工場で作業着を着たりするのと同じことです。

お経を読むときは衣を着る——深い意味はありません。決まった習慣だから、衣を着るだけです。

もちろん、雑衣のままで読経をしないのには、気持ちを引き締める、その気持ちを形で表すという意味もあるでしょう。

衣を着るから気持ちが引き締まるのか、気持ちを引き締めるために衣を着るのか、私にもよくわかりません。

ただ、服装と行動が結びついているということは確かです。

行事、葬儀、法事などの儀式でお経を読むときには、特別な衣を着ます。いつもよりも派手な衣を着ることが多いのですが、これも「これから特別な儀式に臨むぞ」という意識と、何らかの形でつながっているのでしょう。

服装やおしゃれに気をつかうのはけっこうなことだと思います。それが、みなさんの行動を決めるからです。ただ、おしゃれが不要な場面もあります。

朝、身だしなみを整え、行動と場面にふさわしい服を着ること。

それが自然な習慣になってくると、みなさんの行動にも迷いがなくなるのではないでしょうか。

心をこめて、朝ごはんをつくる

朝食は健康のために大切なことですが、私がみなさんに朝食をきちんとつくって、食べる習慣を身につけてもらいたいと思うのは、**一日を「心配り」でスタートしていただきたいからです。**

私の父親のお師匠さんは、山本玄峰《げんぽう》という、「昭和の傑僧」と呼ばれた老師さまでした。「心配はしないほうがいい。しかし、心配りはしなきゃいけない」ということを、口酸っぱく修行僧たちに言っていたそうです。

仕事であろうと家族生活であろうと、「心配り」ができないとうまくいきません。人と人がいれば、必ず「心配り」が必要です。逆に言えば、「心配り」ができていれば、人間関係の多くはうまくいくものです。

そして、食事をつくるという行為には、「心配り」の気持ちを養う要素がたくさん詰まっているのです。

毎日、朝から心をこめて食事をつくる——これが「心配り」を養う習慣につながるのです。

禅宗の寺では、台所のことを「典座《てんぞ》」といいます。この台所係こそ、いちばん徳を積むこともできるし、いちばん徳を失するおそれがあると考えられています。

修行者たちの健康をあずかる場所であるのと同時に、たとえば米粒一粒、菜っ葉一枚を無駄にすれば、それらの命を無駄にすることになりますから、そういう意味では、いちばん徳を失する場所でもあるわけです。

米一粒、菜っ葉一枚、うどん一本に至るまで、どうやってこのものを活かしていくかと考えることが、まさに「心配り」なのです。

これらを無駄にするということは、結局そこに「心配り」が行き届いていないということにつながります。

修行道場では、ごはんをつくる典座の係が、順番で回ってきます。だいたい二人、頭と「こっぺ」です。「こっぺ」とは、部下とか見習い、入りたての新人といった意味です。福井の方言では、「こっぺな」というと「生意気な」という意味だそうですが、それに近い、あるいはそこからきた言葉かもしれません。

その二人は、朝三時半に起きて、朝のお経が終わったら食事の準備に取りかかります。朝の食事が六時なので、だいたい五時ごろ、ほかの人たちが坐禅をしている間に台所に入ります。道場では、あらゆる係が半年交替で回ってきますから、何年かのうちに全員が典座の役割をになうことになります。

朝食のメニューは、三六五日、お粥《かゆ》です。あとは、たくあんと梅干しくらい。

朝は食事が終わったら、すぐに掃除を始めます。すぐ体を動かすので、あんまり重くないメニューのほうがいいのです。そういう意味では、理にかなっていると思います。

一日を「心配り」で始める。みなさんも、ぜひ心をこめて朝食をつくることから、一日をスタートしてみてはいかがでしょうか。

食事中は、食事に集中する

禅語に「喫茶喫飯《きっさきっぱん》」という言葉があります。お茶を飲むときには目の前のお茶を飲むことに集中し、ごはんを食べるときには目の前のごはんに集中するという意味です。まさに、坐禅に通じるものがあります。邪念を抱かず、頭で余計なことを考えず、ただお茶を飲み、ただごはんを食べるのです。

私たちの日常では、さまざまなことが同時進行しています。「今日はだれに会うんだったかな、面倒くさいな。着るものは揃っていたかな。子どもの機嫌が悪そうだな。

あ、洗濯物を取り込むのを忘れた」――大事なことから些細なことまで、さまざまな考えが、心に浮かんでは消えていきます。

これらを完全に取り払うことは無理かもしれません。

しかし**せめて食事の時間は、まるで坐禅を組むときのように、目の前の食事に集中し、何も考えずに、ただ食べる。**スマホを見ながら食事するなんて、もってのほかです。

この習慣を身につけるだけでも、いっときではありますが心をしずめ、リセットすることができます。

道場での食事の際には、ものすごく細かい決まりがあります。

たとえば、配膳をするとき。「持鉢《じはつ》」という、みんなそれぞれの自分用の器を持って、食堂《じきどう》に入ります。器を持って坐っている人に、供給《くきゅう》をする人が食事を入れて回ります。

食べ方の順番も決まっています（といっても、朝はお粥しかないのですが）。たくあんは、一切れ残しておかなければいけません。最後に持鉢を洗うためにです。

食べるときは、音を立ててはいけません。厳密に、たくあんをまったく音を立てずに食べるということは不可能ですが、そこは「心配り」を発揮すべき場面です。

箸の上げ下ろしにしても、たとえばポーンと置くのは雑な所作。そこに心が届いていないということです。

もちろん、箸の持ち方が間違っていたら、直されます。小豆を箸で挟んで、隣の器に移す練習をずっとやらされます。

食器と箸がぶつかる音も、いっさい立てません。器を置くときもそうです。当然、お粥をズズッとすすったりもできません。

食事の最後には、たくあんで茶碗の中を拭き、お茶を飲んで持鉢をきれいにします。流しで食器を洗うことはしませんから、片づけはこれで終了です。食事から片づけまでは一連の流れです。

こうした食事の際の行動は、決まっています。毎回同じです。

席についたらお経を読む。食事が配られる。箸の上げ下ろしや、音を立てないことに集中して、ただ食べる。片づけをして、またお経を読む。ここまでがワンセットです。

食事における行動を決めてしまって、それだけに集中することで、余計な考えをいったん捨てて、リセットすることができるのです。

これらは、一緒にいる人々というよりは、**何よりも自分自身への「心配り」**です。人に対してどうこうだからというよりも、自分の心を調えるためにそうしているのです。

「いただきます」「ごちそうさまでした」を声に出して言う

食事の際には、「いただきます」「ごちそうさまでした」を声に出して言いましょう。たとえ自分でつくった食事であっても、一人のときであっても、です。

禅寺では、声に出して「いただきます」「ごちそうさまでした」とは言いません。食事中はいっさい音を出してはいけないからです。

そのかわりに、食事のたびにお経を唱えます。これが、「いただきます」「ごちそうさまでした」に当たるわけです。

食事というのは、自分たちが仏道を成ぜんがためにいただいているものです。けっして美味しいとか、まずいとかいうものではなくて、そもそも自分の修行する体を養うためのものです。

あるいは、「衣食足りて礼節を知る」ではありませんが、体を動かすために食べるという意味もあります。

また、自分の中で悪い心を起こさせないためにも、最低限、まず自分の体を養うだけの食事を摂っていかなければなりません。

貪りとか、相手のものを盗ろうとか、相手のものはどうでもいいとか、そういう邪悪な心を起こさないために、食べているともいえます。

朝は朝のお経を、昼は昼のお経を読むのですが、そのときは「五観の偈《げ》」（または「五観文《ごかんもん》」）、「般若心経」などを読みます。

「五観の偈」とは、次の五つの内容を示します。

一、この食事がどうしてできたのかを考え、食事が調《ととの》うまでのたくさんの人々の働きに感謝する
二、自分のふだんの行いが、この食事をいただくのに値するものであるかどうか、反省する
三、心を正しく保ち、あやまった行いを避けるために、「貪」など三つの過ちを持たないことを誓う
四、食とは良薬であり、身体を養い、正しい健康を得るためにいただく
五、今この食事をいただくのは、己の道を成し遂げるためである

目の前にはいろんな食事が並んでいますが、これらが自分の食卓にくるまでには、いろんな人の手がかかっているわけです。まず、そのことへの感謝。

それから、最低限の食事をすることによって、間違った心を起こさないようにする。

そしてこの食事は、自分の修行を成就させるために、また体を養うために食べていると言っているのです。

道場での食事の場合、たとえば朝はお粥とたくあんと梅干しですから、そんなに時間はかかりません。一回だけおかわりができるのですが、それでもトータルでは長くても三〇分。そして、食べ終わったらまたお経です。

食前食後のお経が、まさに「いただきます」と「ごちそうさまでした」に対応しているわけです。

お経を読むということは、その教えと、今の自分のあり方を照らし合わせていくということでしょう。「古教照心《こきょうしょうしん》、照心古教」という言葉がありますが、**本なりお経なりを読むことと、自分自身の行いとはリンクするものです。**

つまり、「五観の偈」の気持ちを声に出してみること。あるいは、「いただきます」「ごちそうさまでした」を口に出して言うこと。それこそが大事なのです。

心をこめて、玄関・トイレを掃除する

朝のうちに、ざっと掃除することを習慣にすると、自分の住まいを整えようという意識が高まります。

掃除とは、衣食住のうちの、住のメンテナンスにあたります。**住まいの環境を整えることは、心を調えるために大切です。**多くの会社が、朝いちばんで職場を掃除することを決めているのは、環境が心を変えるのをご存じだからでしょう。

朝は出かける前ですから、バタバタとしています。それでも、五分でも一〇分でも

いいので、家の中のどこか、たとえば今日は玄関、明日はトイレ、といったように、どこかをちょっと掃除する習慣を身につけましょう。

掃除は、家事の中でもついついさぼりがちなものです。後回しにしても、すぐに困ることにはならないからです。「夜、帰ったら掃除をしよう」「週末にはきちんと片づけよう」と思っても、疲れていたり、何らかの予定が入ったりして先延ばしにしがちではありませんか？

それならば、朝一〇分、どこか一か所でいいから掃除をする。すると、「ここも汚れているから磨かなくちゃ」「靴箱を整理しなくちゃ」というように、「汚れているところ」「片づける必要があるところ」が自然と見えてきます。

時間をかけた掃除が一度にできなくても、**次に掃除しなければならないところ、次にきれいにしたいところを意識したうえで出かけると、「部屋をきれいにしよう」という気持ちを持続しやすくなる**のです。

禅道場では、朝食が終わったらすぐに建物の中の掃除に取りかかります。手分けをして、毎日ほとんど全部の場所の掃除をします。掃除が仕事みたいなものです。

そのときの雲水（修行僧）の人数にもよりますが、朝の内掃除は一時間ぐらいです。その日に、だれがどこの掃除をするのかは、それを差配する係が決めます。

ちなみに修行道場では、基本的に年齢や学歴は関係ありません。一日でも早く入って来た人が上です。五分でも早く修行道場に入ったら、その人が生涯上というように、上下関係はしっかりしています。

朝の一時間の掃除では、建物の中全部、つまり部屋、廊下、トイレ、風呂といったところをきれいにします。

本堂や廊下は全員でします。畳はほうきで掃きます。廊下は木の床を雑巾がけします。それなりに長い廊下ですので、全員でひとっ走りという感覚です。

手洗いや風呂は、手分けをします。一時間かけるということは、けっこう丁寧に掃除をすることになります。窓の桟、障子の桟といった細かいところを掃除する日は、また別に決まっています。

朝の掃除をしているときに修行僧たちが考えることは、**ただ「掃除をする」ということだけ。余計なことはいっさい考えません。**

ただ、掃除をする。それが習慣になっているのです。

他人の履き物も揃える

朝の掃除は、自宅だけではなく、職場に着いてもやるとよいでしょう。仕事に取りかかる前に、オフィスの自分の机の上を片づけて、さっと拭く。それだけでも環境を整えることになり、「さあ、仕事をしよう」というスイッチが入ります。

その際に心がけていただきたいのは、やはり「心配り」です。**自分専用の領域だけでなく、社員全員で共有している場所も少しでいいので片づけるようにします。**

たとえば、だれに言われるでもなく、ゴミ箱のゴミをまとめ、シュレッダーのくずを捨ててくる。廊下にゴミが落ちていれば拾い、トイレの洗面台が汚れていたら、ちょっとひと拭きする。

このような行動を意識していると、いつの間にか「心配り」が習慣になっていきます。

平成二〇年に亡くなられた、曹洞宗大本山永平寺の貫首であり、曹洞宗の管長でもあった宮崎奕保《えきほ》老師が、あるときテレビに出てこんなお話をされていました。

「手洗いから出るときに、自分のスリッパを揃えるのはあたりまえ。他の人が使ったスリッパが斜めになっていたら、何とも思わず直しなさい。

他人のスリッパが曲がっているのを、そのままにしておけるのは、あなたの心が曲がっているからです」

要するに、他人のものであっても、乱れているものを見たら、何も考えずに直しなさい、ということです。見たら直す、ただそれだけです。

実際に掃除をするときには、きれいにしようとか、汚れているからとか、自分のものだとか、他人のものだとかは考えずに、ただひたすら目の前のものの掃除をするのです。

何事においても、そのとき自分がやっていることと、ただ一つになる。すると、結果的に「心配り」が生まれるのです。

道場で私たちが「ただただ、掃除をする」ことができたのは、全員でやっているという環境も理由だったかもしれません。

自分だけ別のことをする、あるいは自分だけ窓を磨きたいから磨く、ということはできなかったということです。

朝食が終わってお経を唱えたら、自動的に全員で掃除をする。それが道場での習慣でしたから、私もその習慣に従ったというだけのことです。

習慣とは、あれこれと理屈をつけて身につけるものではないでしょう。**何も考えずに、ただやってみる**ということが大切なのです。

私がいた当時の龍澤寺では、夏になるとよく高校生が来ていました。どういうことかというと、何かちょっと悪さをした子が、「本当なら退学だけれど、龍澤寺にひと夏いたら、処分が停学に軽減される」という理由で来ていたのです。

心根はいい子たちなのですが、私たちと一緒に生活をしますから、道場の習慣には従ってもらわなければなりません。

そこで、徹底的に「かまう」わけです。朝起きてこない、作務をサボっているというようなことがあれば、徹底的に指導します。すると、いやでも一緒に行動をするしかない。そうして行動を変えることが重要なのです。

きっかけは何であれ、行動を変えると、それがやがて習慣になる。

そして結果的に、相手のことを思いやったり、心を配ったりすることもできるようになるのです。

「おはよう」で人間関係をリセットする

前日にけんかをした相手がいるとします。けんかまではいかなくても、だれかとちょっと気まずい雰囲気になることはあるでしょう。
今日、またその人に会わなきゃいけないというときに、やはり人間ですから、前日の気持ちを引きずって、お互いに相手の顔色を見てスタートすることになります。いい気分ではありません。

そんな気分は、一日たったらリセットしましょう。そのためには、朝会ったときに、自分から「おはよう」と明るく言うことです。

あるいは、会った瞬間に「昨日はごめんね」とひとこと言うのです。相手は、「ああ、何だっけ？」と思うかもしれません。それでいいのです。

「おはよう」と自分から言うこと。**自分と相手との関係をリセットできるのは朝だけなのですから。**


前日の出来事を引きずったままで、朝会った瞬間に一回「あっ」と見合ってしまったら、「先にあいさつすると負け」みたいな気持ちになってしまいがちです。

本当はそんなところに勝ち負けなんてないのに、人間ってややこしいものです。だから、自分から「おはよう」でリセットして、新しい気持ちで一日をスタートするのです。


朝いちばんに自分から言う「おはよう」は、「心のクリーニング」という意味で坐禅に通じるものです。**坐禅を組むかのように、自分の心を一回捨ててみるチャンスな**のです。

自分にこだわっているときには、「あの人は何だ。私がこう言ったら、あんな言い方をして」などと、相手を悪者にしてしまうものです。

そんなときは毎朝一回、自分を捨てて、「なんか相手を気分悪くさせちゃったかな」「ちょっと悪かったかな」と、素直になるのです。

自分を認めると、自然に敵ができます。**自分がなければ、敵もできません。**

もちろん、だれもが自分の人生の主人公です。人の人生を生きるわけではありませんから、当然です。

しかし、主人公だからといって、あなたの「ものさし」が必ずしも正しいとはかぎりません。主人公であることと、「自分がいちばん正しい」と思うこととは、まったく別なのです。

昔から「器量」という言い方があります。人間は、何かものを見たり聞いたりして感動しますが、それは結局、そのもの自体ではなくて、自分が感動しているわけです。

自分の範疇《ちゅう》、つまり「器量」の中でしか、人間は感動したり、ものを理解したりはできません。

いくら優秀な大学の教授であっても、幼稚園児にわかるように話せるとはかぎりません。幼稚園の子に話すのが上手なのは、やはり幼稚園の先生でしょう。それがその人の「器量」なのです。

あなたの「器量」が、すべての人に通じるものとはかぎらないということです。「器量」が異なる人間どうしがかかわり合うから、けんかになったり、雰囲気が悪くなったりするのです。

毎朝、自分から「おはよう」と口に出すことで、自分の「器量」を認めましょう。

そして、その「器量」を毎日、少しずつでも大きくしていく努力をしましょう。

一日を気分悪くスタートしても、いいことは何もないのですから。

第2章

心を
ざわつかせない
「昼（日中）の習慣」

修行だと思って仕事に取り組む

特に会社員の方々にとって、仕事というものは多くの場合、だれかから与えられたり、めぐりめぐって生まれたりするものです。あなた自身が望んでつくり出せる仕事は、実はそんなにないのではないでしょうか。

仕事とは、そもそもそういうものです。「なぜ自分がこの仕事をしなければならないのか」「好きでもない仕事を、いやいややっている」「だれかにやらされている仕事には、やりがいを見いだせない」――そう感じることも多いかもしれません。

でも、そんなことで悩むのは、あまり実のないことです。

禅寺では、「作務《さむ》」が仕事にあたります。寺の中や外の掃除をしたり、托鉢《たくはつ》をしたり、野良仕事をしたり。お経を読むときと、坐禅をしているとき以外は、食事か寝ているか、作務をしているかです。

道場における作務に、理屈はありません。それをする理由もよくわかりません。ただ、そこにするべきことがあるから、するだけのことです。

目の前にある仕事を、ただする。まず、そこから始めます。

道場では、起床してお経を読んで、朝ごはんを食べてまたお経を読んだら、掃除をします。だいたい六時二〇分から始まって一時間、七時二〇分くらいまでです。

掃除が終わったあとの日課は、その日によって異なります。托鉢に出るときもありますし、外の掃除をするときもあります。畑、田んぼ、山林の手入れをするときもあります。

その日に何をやるかは、あらかじめ決まっています。朝の食事が終わったあとに、一日の予定を読み上げられて、それを知ります。そして全員一緒に、その日の作務に取りかかるわけです。

季節によって、だいたいやることはルーティンで決まっています。四月であれば、毎日タケノコ掘りをします。寺の裏に竹林があるので、朝から晩までタケノコを掘って、竹が高くなりすぎないように伐採する。連日、それればかりです。

午前中の作務は昼食までですから、昼食が一一時くらいだとすると、三時間半以上ひたすらタケノコを掘るのです。

でもなぜ、タケノコを掘るのかということは、だれも教えてくれません。そこにタケノコが生えているから。手入れが必要な竹林があるから。それだけです。

それ以外の、仕事に対する何らかの意識（たとえば、だれかの役に立とう、自分のやりがいを見出そう）はいっさいありません。

目の前に、やることがあるからする。

それこそ、仕事の本質ではないでしょうか。

食事をつくる係、「典座《てんぞ》」になると、半年間はほかの作務をしません。典座だけです。典座のような、堂内の仕事の係を「常住《じょうじゅう》」と呼びますが、常住にあたる期間は、ちょっと特別です。

外の作務など、堂外へはいっさい出ないで、それぞれの堂内の仕事をします。典座は、もう朝から晩までひたすらごはんをつくることになるわけです。

これは、会社の中に、営業、経理、人事、総務といった担当があるのと同じです。それぞれの大きな役割分担はありますが、そこに割り振られたら、目の前にある仕事を、ただするだけです。そこには、理屈も理由もありません。

考えるよりも、深く「没頭する」

同じ禅宗であっても、曹洞宗と、私たち臨済宗とでは坐禅のしかたに違いがあります。

まず坐り方です。曹洞宗では、壁に向かって坐ります。臨済宗では、壁を背にしてみんなのほうを向いて坐ります。

坐禅によって心を調えようとすること、師から弟子へ教えを伝えることは同じです。曹洞宗では「只管打坐《しかんたざ》」。何も考えず、ただ坐ると教えます。悟りを得ようとすることすらも雑念だということです。これは「黙照禅《もくしょうぜん》」と呼ばれます。

一方、臨済宗は「看話禅《かんなぜん》」です。「公案《こうあん》」という、いわゆる禅の問題を師から与えられています。

公案とは、いわば理不尽な問いです。たとえば、「なぜだるまさんには、ひげがないのか？」といったものです。

だるまさんを思い浮かべてください。ひげがありますよね。それなのに、「なぜひげがないのか？」と聞かれるわけです。わけがわかりません。

修行僧は、老師から与えられた公案について、修行生活を通じて答えを見つけようとします。見つけたと思ったら師のもとへ行って、いわゆる禅問答をします。

それは「考える」とは違います。そもそも「考える」レベルでは、答えが出ないのですから。

私たちは公案を「見る」「工夫する」と言います。頭の中だけで考えて、頭の中だけで答えを出すのとは違うのです。公案と一つになる、言い換えれば**「考える」よりもさらに没頭するのです。**

たとえば、方程式や数式を解くのであれば、頭で論理的に考えて、説明がついて、答えが出るでしょう。しかし、公案はそうではありません。考えることすらもやめてしまって、ただただ公案と一つになるのです。

修行とはそういうことです。修行の間に起きることは、理不尽だらけです。「なんでこんなことするの?」「こんなことして何になるの?」と、頭の中はクエスチョンマークだらけになります。

それを解決するには、一つは「自分がいるところはここしかない」とあきらめること。そしてさらに重要なことは、**「今、自分がやっていることとただ一つになる」**ことしかありません。

それが「没頭する」ということです。ここしかないのだから、目の前にあるものに、ただ没頭するのです。掃除なら掃除、タケノコ掘りならタケノコ掘り、田植えなら田植え。今自分がいるところで、目の前のものと一つになることが必要なのです。

先の公案で言えば、だるまさんと一つになるのです。だるまさんを遠くに見ていたら、いつまで経ってもこの公案は解けません。

だるまさんと自分が、ふわっと一つになって、「さて、じゃあ、自分のひげとはいったい何か」というところへ落ち着かないと、まず答えは出ないでしょう。

臨済宗の公案とは、没頭するものを与えられているということでしょう。坐禅中、まずその公案に没頭していく、没入していくのです。慣れてきて足が痛くなくなったとしても、何かに没頭するのです。

仕事でも趣味でもそうですが、**没頭して我を忘れているときは、人間にとっていちばん幸せな時間です。**

修行は楽しいものではありません。しかし、いったん没頭できれば楽しいも苦しいも何もなく、ただただ修行をしているだけになるのです。

石鹸《せっけん》で手を洗うように、心の汚れを落とす

人はどうしても、何かをすることに意味をつけたがります。「こうしたらこうなる」「これはだれのためにやる」、と。しかし、**時には行動の意味すら捨てて、ただ没頭することも大切です。**それが心のクリーニングになります。

公案を与えられる臨済宗の坐禅は、「梯子禅《はしごぜん》」と呼ばれることもあります。公案を一つひとつこなしていくことによって、梯子を登るように悟りに近づくという意味です。

しかし実際には、公案が一つ通ったからといって、人格が一つ高くなるわけではあ

りません。ただの目安です。公案は一つの方便にすぎません。

私が住職をしている全生庵を創建した山岡鉄舟先生は、「公案とは石鹸みたいなものだ」とおっしゃっています。手が汚れているから、石鹸できれいにするわけですが、最後はその石鹸の泡も落とさないと、きれいな手にはなりません。

曹洞宗の「只管打坐《しかんたざ》」とは、いわばまったく汚れていない、きれいな手の状態を指しています。しかし、つねにきれいな手でいられればいいのですが、やはり人間ですから、どうしてもすぐに手が汚れます。

そこで臨済宗では、公案という石鹸を使うわけです。石鹸で洗って、最後はその石鹸も流すのです。

心も同じです。昔の人が詠んだ漢詩に、「時々《じじ》に勤めて払拭《ふっしき》せよ　塵埃《じんあい》を惹かしむることなかれ」というものがあります。自分の心に塵や垢をつけないように、日々心の掃除をしなければならない、という意味です。

それがなかなかできないから、石鹸を使うのです。公案を使って、「あ、なんだ、この公案はこういうことだったのか」「人間の心っていうのは、こういうものだったのか」と自覚するのです。

少し公案を紹介しましょう。

「隻手音声《せきしゅのおんじょう》」とは、「両手を打ち合わせると音がする。では、片手ではどんな音がするのか？」という問いです。臨済宗中興の祖といわれる江戸中期の禅僧、白隠《はくいん》禅師が創案した禅の代表的な公案の一つです。

先にあげた「なぜだるまさんには、ひげがないのか？」は、「胡子無髭《こすむしゅ》」という公案で、中国宋代に編まれた『無門関《むもんかん》』という公案集に収録されています。

「隻手音声」にも「胡子無髭」にも、「1＋1＝2」のような正解があるわけではありません。坐禅をしながら、これらの公案を「見て」みるのです。あるいは、ずっと「隻手、隻手、……」と念じながら坐ってみるわけです。

頭で考えたり理解しようとしたりするのではありません。考えても答えはないのですから。先ほどもお話ししたように、これらの問いと一体になるイメージです。それが没頭することなのです。

答え（「見解《けんげ》」と呼びます）は、**自分の心を無にして、その公案に没頭すると、ある瞬間に降ってきます。**

心の汚れを落とすためにも、何かに没頭することは大切なのです。

「理屈」だけでなく、「直観」も大切にする

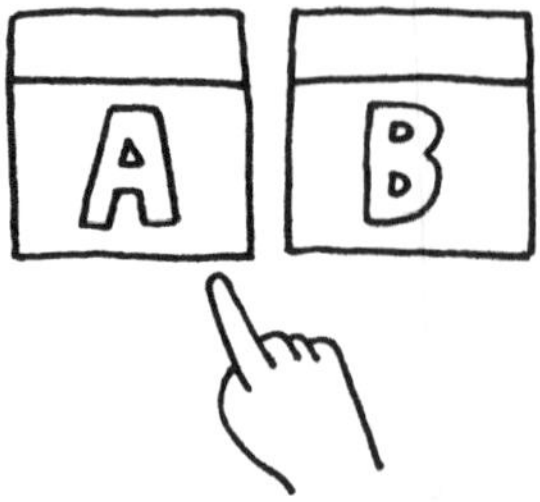

仕事や人生で、ストレスなく「自分らしく」あるために、多くの人は論理的に答えを導き出そうとしているようです。

「なぜ」「何のために」と、行動の理由を考えて、なんらかの説明をつけてそれを解明し、論理づけ、「ならば、こうすればいいじゃないか」と行動するわけです。

しかし、そもそも人間がやることのほとんどには、正しい答えはありません。もしどうしても正しい答えを出そうというのであれば、そのときその瞬間の正しさか、自

分が納得するための正しさか、あるいは人を納得させるための正しさになります。しかし、これらのどれも不変な真実とは言い切れません。

たとえば、AとBという二つの選択肢があるとします。ぱっと見た瞬間に「Aだ」と思うのだけれど、なぜいいのか理由はわからないとします。一方Bは、「ちょっとな……」という抵抗を感じますが、理屈では説明がつきます。

そうしたとき、往々にして人はBを選ぶのです。内心では、「Aのほうがいいような気がするんだけど……」と思っているにもかかわらず。

こういう場面は、けっこうよくあることです。組織の中にいればなおさらです。Aを選んでうまくいけば問題ないでしょう。説明しなくてもいいからです。しかし、Aを選んで失敗した場合、「なんでAを選んじゃったの？」と聞かれても説明ができません。

言い訳ができないことが怖くて、失敗しても説明がつくBを選ぶということです。

時にはあえて、自分の「これだ！」という直観に従ってみることも大切です。

そちらのほうが正しいことだって、たくさんあるのです。そもそも唯一の答えはないのですから、「説明がつくかどうか」という選択基準そのものがおかしいのです。かつてだれかが発明して、今では世の中に普通にあるものも、最初は「こんなバカなことができるわけがない！」と思われていました。

飛行機だって、そもそもは直観から生まれてきたものであるはずです。鉄の塊が空を飛ぶなどと、いきなり理屈では思いつかないでしょう。

もちろん、理屈も大切です。たとえばお金の使い方がそうです。また、人とかかわって生きている以上、自分の思いを伝えたり、組織で何かを共有したりするときには、理屈や理性が必要な場面というのはあります。

要は、理屈と直観のバランスが大事なのです。

私たちはしきりと「無になれ」「捨てちゃえ」「バカになれ」とか言いますが、それは一般的な人はどうしても理屈のほうに偏りがちなのでそう言っているわけです。

理屈ばっかりで生きているから、つらくなるのです。時には無になる時間をつくり、直観に頼ることで、両方のバランスを取ったら生きやすくなるのに、と思うのです。

直観とは字のごとく、「ありのままに観る」ということです。ありのままに観る、ありのままに聞く、ということが、ついついできなくなっています。

頭の中に理屈が先にあると、観ても聞いても、そのまま受け止めることができません。理屈、理性がバイアスとなって、丸いものを四角く観てみたり、四角いものを丸く聞いてみたりするのです。そうではなく、丸いまま、四角いままに観る、聞くという力を養うということです。

時には、「考える」ことが邪魔をしている場合もあります。何も考えないといっても、ただぼーっとしているのはよくありません。

坐禅を組むときのように、あるいは修行中に作務をしているときのように、目の前のことに没頭して、その間余計なことは何も考えない。

そういう状態のときにこそ、直観ははたらくのです。

仕事に行き詰まったら、「托鉢《たくはつ》」の精神で

修行僧は、基本的にお金稼ぎはしませんが、唯一、「托鉢」を行います。もともと坊さんは、托鉢で得たものをいただくのが生活の糧のすべてでした。農業や林業といった生産活動は、本来はしていませんでしたので、托鉢をして、いただいたものを食べて暮らしていたわけです。

托鉢といっても、要するに物をもらうことです。「乞食行《こつじきぎょう》」とも呼ばれます。托鉢には、二つのやり方があります。

一つは「連鉢《れんぱつ》」といって、決まったルートを「ほ～う～（法雨）」という声を出しながら、みんなで流して歩くものです。

もう一つは「軒鉢《けんぱつ》」といって、一軒一軒戸を開けてお経を読んで回るもの。いわば飛び込み営業です。もちろん場合によっては、水をかけられることもありますし、犬に噛まれたり、怒鳴られることもあります。

今の時代ではそうとはかぎりませんが、もともと禅寺は経済的にも托鉢に頼っていました。それも修行の一環です。

修行道場によって違いますが、龍澤寺の場合は、通常は二日、七日、一二日、一七日、二七日と、月五回行っていました。七時ごろからスタートして、一二時までの五時間ぐらいです。衣を着て、笠をかぶって、草鞋《わらじ》を履いて、「龍澤寺専門道場」と書いてある頭陀袋《ずだぶくろ》という袋を持ちます。

托鉢のときには自分を捨てます。笠をかぶっていますから顔は見えないのですが、やはり最初は恥ずかしいものです。

しかし、その恥ずかしいという気持ちを捨てるのが托鉢の修行でもあります。ある意味で、仏教の原点に返る修行なのです。

みなさんも、仕事をするのがつらい、「なぜこんなことをやっているんだろう」と疑問がわく、「もっと自分に合った仕事がほかにあるんじゃないか」などと感じることがあるかもしれません。

また、働いても働いても、一向に自分が豊かにならないと、働くことがむなしく、つらく感じるかもしれません。

そんなときにぜひ思い出していただきたいのが、この托鉢の修行です。

修行僧は、ただただ托鉢をするのです。連鉢の場合だと回る先が決まっていますから、ありがたいことに待っていてくださる方もいます。そこまでしてお布施をいただけることのありがたみは、ひたすら托鉢を続けているとわかってくるものです。

金額の多寡ではありません。お布施が十円であろうと五千円であろうと、托鉢僧にお布施をいただけることそのものが、いかに一期一会の貴重なことであるか。

それは、たとえだれにも会えなくても、お布施をまったくいただけなくても、犬に吠えられても、ひたすら決まった日の決まった時間に、決まったコースを歩いている から出会えたことなのです。

つまり、**最初から仕事に見返りを求めていない**のです。結果としてお布施をしていただいた、それだけです。ただ、自分がするべきことを淡々とするだけ。お布施をいただけなくても、それはそれまでのことです。

仕事とは、お金を儲けるためにするのではありません。だれかに認めてもらうためでもありません。自分が満足するためでもありません。

ただ働く——それが本来の仕事のあり方なのではないでしょうか。

昼休みには、意識してリセットする

多くの方の場合、朝九時から夕方五時までを仕事の時間と考えると、その時間は会社、または仕事に捧げる時間です。自分の好きなことをして過ごすわけにはいきません。

つまり、会社に拘束されている時間です。給料の対象になっているわけですから、当然、それにふさわしい過ごし方をしなくてはなりません。

しかし、実際には食事をしたり、ちょっと個人の用事をすませたりといった、私的な時間も必要です。それを行うために設けられているのが昼休みです。

「公」の時間と「私」の時間は、明確に切り分けたほうがいいでしょう。しかし、その二つがずるずると入り混じっているという方は、けっこう多いのではないでしょうか。

昼休みの時間は、「私」の時間だと強く意識することです。そうすれば必然的に、それ以外の時間は「公」になります。

修行道場では、毎日の昼食は午前中の作務が終わった一一時あたりから、三〇分ぐらいで摂ります。昼食後には一時間ほどの休憩の時間があります。これが、働く方の昼休みに相当するでしょう。

その時間に、自分の洗濯をしたりします。

修行僧が着ている作務衣《さむえ》は、人にもよりますが、だいたい夏物と冬物と三、四着ずつぐらいは持っています。

作務衣は全員揃いというわけではなく、各自が勝手に用意します。修行中は作務衣と衣で過ごす時間が半々ぐらいです。

衣も自分で洗濯するのですが、簡単に乾かないのでめったに洗濯はできません。

この休憩時間の洗濯は、「私」の時間です。道場の中にも、「私」の時間があるわけです。

その間は、頭を切り替えて自分のために費やす。それによって、修行という、**かわりばえのしないルーティンだらけの生活に、ちょっとしたアクセントをつけて、リセットすることができる**のです。

また、禅寺の修行でも、わずかながら「私」の時間はあります。

道場として必要な買い物は、買い物担当の係が行いますが、個人的な買い物は、月に二回ぐらい、朝の掃除のあと、八時くらいから夕方四時くらいまでの休みがありますので、そのときに行います。

そんなにたくさんの買い物が必要なわけではありませんが、たとえば自分の下着などは、その休みの間に買いに行きます。

修行生活というのは、見えない塀の中に閉じ込められていると思われるかもしれませんが、その程度の自由（「私」の時間）はあるのです。

「公」の時間の中に、ちょっとだけ「私」の時間を挟み、意識して切り替える――それが、長いルーティンが続くような場合には、特に必要になるということなのでしょう。

あえて空腹の時間をつくってみる

現在の日本において、特に若い人たちの間では、空腹を感じたことがない人が増えているのではないでしょうか。

いつでも好きなときに、好きなものを食べられる。冷蔵庫にはつねに何か食べ物が入っていますし、なかったとしてもコンビニがありますから、夜中でも何かを買って食べることができるわけです。そうすると、「お腹がすいた」という感覚を持たないまま暮らすことができてしまいます。

その一方で、「断食道場」などというものが人気だったりします。つまり、飽食といいますか、お腹がすくということ自体が非日常になっているということでしょう。まる一日、何も食べない。お腹がすいてどうしようもなくても、食べるものがない。そういう環境自体、お金を払わないと手に入らないわけです。

空腹とは、人間にとって自然なことです。空腹がないほうが不自然です。食欲という、避けては通れない「欲」と向き合う、というと大げさかもしれませんが、**健康のためにも、あえて空腹の時間をつくることは、現代人にとって必要なこと**だと思っています。

私は修行を経験していますから、「お金を払って断食をする」ということが想像できません。そんなの、自分で食べなきゃいいだけのことじゃないか、と思ってしまいます。

修行の最初のころ、私はまだ二二歳でしたし、夜中はお腹がすいて眠れませんでした。それまでは、好き放題に食べていたわけですから。

それが、夕方に軽く食べたあとは夜九時まで坐禅をして、そのまま朝まで何も食べなくなるので、当然お腹はすきました。

基本的に、修行中の食事は「粗食」です。朝はお粥とたくあん。昼は飯と汁と、何か野菜もの。野菜を煮たり、炒めたりしたものです。

基本的に、そのときにあるものを食べます。材料を買ってくるわけではなく、托鉢《たくはつ》でいただいたり、自分たちでつくったりしたものしかありません。

タケノコの季節であれば、朝から晩までタケノコです。

仏教においては、夜は本来、食事はしなかったので、夕食はせいぜい雑炊です。昼食がメイン、正式な食事です。いただきものがあれば、うどん、そばなどを昼に食べることもあります。

当時、私はまだ若かったこともあって、食事が物足りないと感じていました。しかしそれでも、だんだんと粗食に慣れてくるものです。一年もたてば、空腹は感じるのですが、気にならなくなってきます。

もちろん、寝る前にはお腹がすいていますから、もし食べるものがあったら食べたい。しかし、ないからしょうがない。あきらめの境地です。

「これしかないんだし、しょうがないよね」と、自分の食欲や空腹と折り合いをつけるしかありません。

そんな食生活ですから、だいたい修行道場から出たら、みんな一〇キロぐらい太ります。私もそうでした。

道場を出てしまえば、飽食の世界。だからこそ、自らを律して、あえて空腹の時間をつくるということには意味があるのです。

冷暖房を切ってみる

現在の日本では、冷暖房が効きすぎていると感じることが少なくありません。電車の中、お店の中などで、夏なのに肌寒かったり、冬は暑いくらいに感じることがあります。

もっとも、この一〇年くらい、特に夏の暑さは尋常ではありません。酷暑の中、熱中症になる人が毎年たくさんいますし、下手をしたら命を落とす人もいます。

健康上の支障をきたすようではやりすぎですが、時には冷暖房を切って、自然の気候にまかせる時間をつくることも必要です。

電気代や燃料代がもったいないという省エネの側面もありますが、ここで私がお伝えしたいのは、**「ないものはない。あるものしかない」という坐禅に通じる考え方**です。

ないものを欲しがるのではなく、ただそこにあるものを受け入れるのです。

暑いときは暑い。寒いときは寒い。当然のことです。

冷暖房があることに慣れきってしまうと、そのあたりまえのことに鈍感になります。そして、暑いときに冷房があること、寒いときに暖房があることのありがたさを忘れてしまうのです。

ですから、ときどき冷暖房を切ってみましょう。**自然のあるがままを受け入れてみるのです。**

修行道場には、当然、冷房も暖房もありません。暑さ、寒さの対策は、何もないのです。寒いときは寒いまま、暑いときは暑いまま。それ以上どうしようもありません。

私が修行をした三島市では、冬はマイナス五度くらいにはなります。そのうえ、お寺は基本的に開放された建築物ですから、体感的にも寒い。昼間だと、外にいたほうが暖かいくらいです。

そんな状況で、真冬に夜通し坐禅をしたりするわけです。私はとうとう慣れることはありませんでした。毎年冬になると寒いのです。

これは、坐禅をすると足が痛くなるのと同じです。一〇年修行をしたところで、坐禅をすれば足が痛くなる。慣れて痛くなくなることはありません。痛いのはあたりまえで、痛みが気にならなくなる程度です。

道場での生活そのものも同じです。当然、それまでの一般的な生活に比べたら、自由もないし窮屈です。しかし、ほかにどうしようもない状況にいると、そのことが気にならなくなってくるものです。

暑さ、寒さについては、いくら騒いでも、いくら考えても、変えようがありません。そこにエアコンがあれば、当然つけるでしょう。でも、ないのだからしょうがない。せいぜい「寒いね」と言って、「うん、寒いね」と答えるくらいしかできないわけです。

すると、だんだん暑さも寒さも気にならなくなります。暑いのは暑いし、寒いのは寒いし、足が痛いのは痛いのですが、だからどうだっていうこともない。ただそれだけのこと、と感じるようになるのです。

どうしようもないところに身を置くと、ありのままを受け入れるしかなくなります。すると、苦は苦であっても気にならなくなる。

実際に道場では、夏になると必ず三キロぐらい体重が減っていました。冬になると、三キロぐらい太るのです。**暑さ、寒さをそのまま受け入れて暮らしているから、体が自然にそれに対応して変化するわけです。**

冷暖房があるから、「寒い寒い」「暑い暑い」と文句を言うことになるのです。思い切ってスイッチを切ってしまう時間をつくる。すると、苦痛もそのまま受け入れることができる心が育つはずです。

チームワークは、「あ・うん」の呼吸で

そもそも「僧侶」という単語の語源は、サンスクリット語の「スンギャ」「サンガ」という言葉に「僧伽《そうぎゃ》」という漢字を当てたものだといわれています。

その「スンギャ」の「ギャ」がなくなって、「ソウ＝僧」になったのですが、もともと三人以上いないと「スンギャ」とは呼ばなかったそうです。

つまり、**集団として切磋琢磨することが、僧にとっても本質であり、大切だ**ということです。

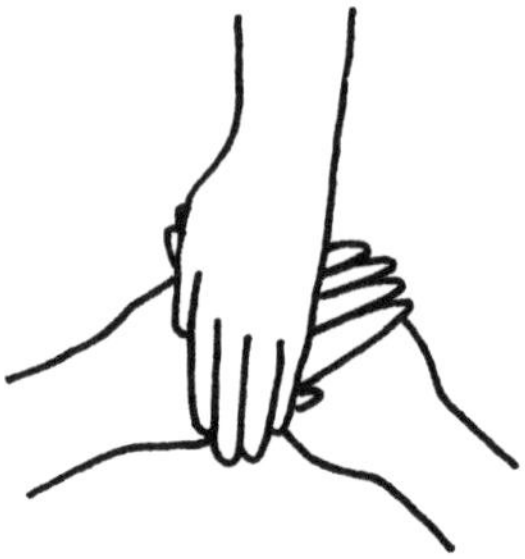

やっぱり一人だと、すぐくじけたり、つい甘えたり、易きに転んだりするものです。三人いれば、その中の一人ぐらいは「そんなんじゃダメだ」「しっかりやるんだ」と叱咤激励してくれるということでしょう。

二人だと、お互いに傷をなめ合ったり、妥協したりしますが、三人になると「待てよ」と考え、口にする人が現れるものです。

そうした人と人とのかかわりを「**和合**《わこう》」といいます。これは、修行中にもよくいわれることです。「チームワーク」ということですね。

先輩がいて、同期がいて、後輩がいる。複数の人間が教え合い、諌め合い、助け合うことで生活ができるのです。

一方、「ズル和合」ともよくいわれました。集まった人間が、お互いに「もうこのへんでいいじゃねえか」「そうだな、これくらいにしとくか」と甘え合うのが「ズル和合」。「おまえたちのは和合でも、ズル和合じゃい」と、師からよく叱られたものです。

修行道場の台所係、「典座《てんぞ》」の仕事は、全員の食を預かるだけでなく、今日あるものをすべて残さずに使い切るという工夫が必要な役目です。

朝昼夜に、同じ料理を出すことはできません。同じ材料であっても、姿かたちを変えなければならないのです。それが毎日続きますから、いちばんしんどい係でもあります。

私自身も、修行道場に行くまで炊事をやったことがありませんでした。また、ガスや電気を使わずに、薪で煮炊きをしますから、当初は何をしたらいいのかわけがわかりませんでした。

しかも、手取り足取り教えてくれる先輩はいません。見て覚えるしかないのです。

基本的には二人一組になってごはんをつくるのですが、教えてくれるのはせいぜい、ごはんを炊くときに、「いいか、水の量はこのぐらいだ」「そのうち湯気がピーッと立ったら、火を引け」とか、そのぐらいの教え方です。あとはひたすら、やってみて覚えるしかないのです。

ここで大切なのは、「和合」に必ずしも言葉はいらない、ということです。力を合わせて一つの仕事をする。そのときに、言葉を交わすのではなく、やりながらお互いに仕事を覚えていくのです。

まさに「あ・うん」の呼吸といえるでしょう。頭の中で理屈をこねくり回して生み出した言葉には、実はそんなに力はありません。

まず行動です。**やってみることで、お互いの加減がわかり、無言でお互いにアシストし、じゃまをしないように考える。そこにこそ、チームワークが生まれます。**

一つの仕事に複数の人間がかかわるときには、言葉より行動。それが「和合」の境地への近道です。

叱るべきときは、ちゅうちょしない

今はどちらかというと、「ほめて伸ばせ」の風潮があるようです。最近、車の中でラジオを聞いていたところによると、就職も売り手市場なのだそうです。景気がよくなってきたのか、単純に働く人が減ってきたのかはわかりませんが。するとと企業としては、新卒の内定者に辞められては困るというので、研修一つするにも、非常にいろいろ気を配って、とにかく叱らない。叱らないで、ほめるのだそうです。

しかし、それはおかしな話だと思います。社会人として、新入社員を本気で育てようとするのであれば、時には叱ることも、絶対に必要だと思うのです。

禅宗の基本にある考え方は、有名な「**獅子《しし》を谷底に落とす**」というものです。獅子は伝説上の動物ですが、親獅子は、生まれてきた子どもを、三日目には谷底に突き落とすというのです。

そして、谷底から這《は》い上がってくる。さらにそれだけではダメで、親の脛《すね》を噛む。そのぐらいの子どもじゃないと、育てないという逸話です。

だれかを育てるということは、厳しい側面があってあたりまえ。だからこそ、叱ることをちゅうちょしてはいけないのです。

修行道場での作務（仕事）は、坐禅という「心のクリーニング」を動作として表しているものです。掃除にしろ、托鉢にしろ、そのすべてが坐禅に通じています。

三島の道場の裏山には、たくさんの杉やひのきが植林されていました。時期が来ると、それらの木の枝打ちをするのも、大事な作務の一つです。

木に登って、よぶんな下枝を下ろさないと、そこが節になってしまって、いい木材ができないのです。

杉やひのきだけではありません。たとえば梅とか、いろいろな木の剪定《せん》も自分たちでやりました。どんな木も、枝を伸ばし放題じゃダメで、ある程度枝を切らないと、いい木にならないのです。

もちろん、いい枝は伸ばします。しかし、ダメな枝は下ろす、切ることが必要です。

修行道場の生活というのは、もう徹底的に叱り、叱られることがあたりまえです。飴と鞭《むち》の両方があっただろうかと思い返しても、鞭ばかりだったように思います。ただ叱られるのみ。もしほめられたとしたら、それは「もう無理だな」と見捨てられたときなのです。

もちろん、ふつうの生活において人を育てるときには、ほめることも必要だと思います。ただし、ほめることと、枝を伸ばし放題にすることとは違います。

叱ることをおそれて、何をやっても放任するのは、教育ではありません。叱るとほめるは、必ずセットです。

叱れない人は、本当にほめることもできない。私はそう思っています。

上に立ったら、「恨まれてなんぼ」

「叱れない上司」という言葉に代表されるように、今の会社組織においては、部下よりも、上司のほうにストレスがたまっているようです。

パワハラだと訴えられるから？　「ブラック企業だ」と言われるから？　部下に嫌われるのが怖いから？

私は会社で働いた経験はありませんが、一つ言えるのは、下の人間は、上の人間を実によく見ているものだということです。

しかも、良いところにはあまり気がつきません。変だと思うところ、悪いところだけを見ているものです。

だから、下の人間は知らず知らずのうちに、上の人間がするのと同じことをします。上がサボれば、下は「そんなもんだ」と思ってサボる。上が規則に甘ければ、下もまた甘くなります。

そういう意味では、上の人間が何をするか、どんなことを言うか、日常どんな生活をしているかということが、おのずとその組織の、会社でいえば社風、家庭でいえば家風になっていきます。

上に立つ人間は、組織の鏡です。言動はすべて下から見られていますし、真似をされるものなのです。

禅宗の世界では、師匠を選ぶ際に「**上士は恨みにつく、中士は利につく、下士は勢いにつく**」という言葉があります。

弟子が自分の師匠のことを「うちの師匠はいい人なんです」などと言っているうちは、師匠と弟子の関係として、なまくらだということです。

弟子が師匠に対して、「コノヤロー、ふざけるな！」などと、「恨みにつく」ぐらいじゃないと、本当の修行をやったうちには入りません。

実際、修行道場では、「コノヤロー」と言うわけにはいきませんが、「チェッ、チェッ」と舌打ちをすることはよくありました。

それは、言われたことが理不尽だからとか、理解できないからではありません。あまりにもまっとうな正論、本筋を言われて、ただ悔しいからです。


しかし、修行道場のすごいところは、指導者であれ、先輩であれ、一つの寺の中で共同生活をしているわけです。二四時間、一緒なのです。

先輩とか指導者だけが、楽をしているわけではない。まったく同じ生活をしているのですから、下の者は何も言えません。

上が楽をしているのであれば、「なんだよ、自分たちだけ楽しやがって」と思えるのでしょうが、そうじゃないから、文句の言いようがない。

だから、舌打ちをしながらでも、上の者には従うしかないのです。

会社組織に置き換えれば、社長以下、社員が一つのところで、同じ空気を吸って仕事をしていると、お互いに隠しごとをしようがなくなります。

上は気になったことを、最初は口に出さないように我慢していても、一緒にいるうちに、いずれ口から出る。下は、これでいいのかなとなんとなく感じていたことを、上に指摘されざるを得なくなる。

そのときに、下の者は舌打ちをしたくなるでしょう。しかし、その舌打ちを、上の者が恐れる必要はまったくないということです。

社長が海外にいて、指示は全部メールでしか来ない、というのであれば別かもしれませんが、同じ空気を吸っていれば、上は「コノヤロー」と思われて当然。**恨みがついてくるのがあたりまえなのです。**それが上下関係というものなのですから。

「和合《わごう》」の心で、一緒にお茶を飲む

私の寺で行っている坐禅会では、最後に参加者が全員でお茶を飲み、お菓子をいただきます。ご奉仕の方が、全員にお茶を注ぎ、お菓子を配っていきます。それをみんなでいただいて解散です。

これは、「茶礼《されい》」と呼ばれる、禅宗における飲茶の礼法で、「茶の湯」の源ともいわれています。一つの釜で沸かしたお茶を、みんなで分け合って飲むことは、「和合」の象徴だとされています。

修行中にも、よく茶礼は行われます。行事の節目などにも茶礼があります。

人間が社会で生きていくためには「和合」の心が必要です。けっして他人に媚《こび》を売ったり、へつらったりするという意味ではありません。我を通すだけでは生きていけませんし、社会としても成り立ちません。

だから、どこかで他人と折り合い、また切磋琢磨していくことも必要です。自分一人で、心を穏やかに保ち、無になって生きていこうとしても、それは難しい。だからこそ、和合の精神が必要なのです。

禅寺では、和合ということ、自分一人ではないということを茶礼という形で確認しています。

みなさんも、ふだんの生活の中でだれかと一緒にお茶を飲むという機会は多いのではないでしょうか。そのとき、茶礼のことを意識してみてはどうでしょう。

そこで一緒にお茶を飲むのも一期一会。仕事や家事・育児といった目の前の現実からちょっとだけ離れて、穏やかな心で人と接するのです。そして、そこにいること、いてくれることに感謝し、「ありがたい」と意識するのです。

会話の中身は問題ではありません。無言でただお茶を飲むこともあるかもしれません。

あなたも相手も、互いに人生の修行中。そこに一緒にいること、同じ時間を過ごしていることは、「有《あ》り難《がた》い」こと。その人がいるから、あなたが修行できているのです。

お釈迦さまは、「犀《さい》の角のようにただ独り歩め」とおっしゃっています。サイは群れずに、単独で行動します。「サイの太い一本角のように、自らの歩みは独りで、孤独に進みなさい」という意味です。人間は、生まれてくるのも一人、死んでいくのも一人。最後は一人で生きていくという覚悟は必要です。

しかし現実を見ると、人間は一人では生きていけません。そして弱い心も持っていますから、つい甘えたり、近道を行こうとしてしまいます。だからこそ、他者と上手に折り合っていくことが必要なのです。

それが、「和合」「調和」です。人間関係がうまくいかなくて悩むこともあるでしょう。しかし、人間とはそもそも孤独な存在であるからこそ、出会いは大切にするべきなのです。

どんな出会いにも意味があります。お茶を飲んで一息入れて、相手との出会いに感謝しましょう。余計な感情はいりません。**ただそこに一緒にいることのありがたみを感じるのです。**

仏教用語に「中道《ちゅうどう》」があります。ここでいう真ん中とは、右があって、左があって、その中間という意味ではありません。二つのものの中間ではなく、どちらからも離れて、矛盾や対立を超えるという意味です。それこそが「調和」です。

好きや嫌いを超えて、ただ一緒にいることが「有り難い」。だれかとお茶を飲むときには、そんなことを考えてみてはいかがでしょうか。

第3章

一日を
穏やかに仕舞《しま》う
「夜の習慣」

朝食、昼食との違いを意識して、夕食をいただく

空腹の時間をつくると、食事に対する意識が高まります。一日三回、あたりまえのように思っていた食事が待ち遠しくなり、毎回「ありがたい」という気持ちでいただけるようになるのです。

今でも、スリランカとかタイのお坊さんは、午後の食事は摂りません。仏教ではそもそも、午後は食事を摂らないのです。

インドで生まれたときの仏教では、労働もしません。特に、何か作物をつくるような労働は、ほぼ禁じられていました。なぜなら、つくると「これは私がつくった」

「これは僕のだ」といった所有欲が生まれるからです。

所有欲とは「執着」です。「執着」を断ち切るために、何かをつくる、製造するといったことは、いっさい禁じられていたのです。

しかし、仏教がインドから中国へ渡ったあたりから、作務《さむ》、つまり労働を始めるようになりました。

おそらく、一つの山に修行僧が何百人、何千人と集まって一緒に修行をするとなると、托鉢《たくはつ》だけではまかないきれなかったということでしょう。そこで、修行僧自身が作務をするようになったのです。

労働をすると、必然的にお腹が減りますから、夜も食べるようになりました。そこが、中国で禅が広まったときに、インドにおける仏教から劇的に変わったところです。

仏教では、このように朝昼晩の食事には違いがあり、それぞれに意味があります。それを参考に、**三食のメリハリを考えることで、食事の意味やありがたさを感じてみてください。**

「作務も動く坐禅」という考え方があります。「動中《どうちゅう》の工夫、静中に勝ること百千億倍」というのですが、「日常から切り離された場所で静かに坐禅をするだけではなく、ふつうに暮らして、働いているときでも、同様の心になれるように努力をする。さらに働くことそのものも坐禅と同じである」ということです。

労働をすれば、健康上の理由からも夜の食事を摂らないとなりません。しかし、あくまでそれは、自分の体が病気にならないように、ある意味、薬と同じです。

ですから、禅寺では夜の食事のことを「薬石《やくせき》」と呼ぶのです。

その昔は、「温石《おんじゃく》」といって、石を温めてお腹を冷やさないように抱えて空腹をしのいだ、という話もあります。

夕食はあくまでも「薬石」ですから、原則としては、朝と昼に残ったものをすべて雑炊にする、ほんとうに簡単な食事です。

道場での夕食は、午後の四時です。雑炊の味付けは、塩、しょう油ぐらい。美味しく食べるというよりも、残り物をいかになくすかという趣旨があります。

寺の周りは農家でしたので、けっこう野菜をいただきます。その時期にできる露地ものですから、ナスばかりのときもあれば、トマトしかない、キュウリしかないときもあります。

それらを、**どう無駄にしないかということを思案して、料理をしています。**いただいたものは捨てることができないので、皮から何から、すべて使います。ナスであれば、味噌汁に入れる、漬物にする、揚げる、焼く、蒸す、炒める。どうにかして、全部食べ切るのです。

こうした禅寺の食事のありようは、健康という側面からも参考にしていただきたいものです。

シャワーのありがたさを感じる

「ありがたい」のもともとの意味は、本来ありえないことが起きているという「有《あ》り難《がた》い」です。したがって、「ありがたい」の反対語は「あたりまえ」です。

よく言われることですが、「あたりまえ」のことにこそ、感謝をしなくてはなりません。

禅では、「**そこにあるものを、ただあるがままに受け入れる**」ことを大切にします。

つまり、「あたりまえ」のものを意識することが必要なのです。

日本人はお風呂が好きです。湯船に張った温かいお湯につかって、ゆっくりと体を伸ばす時間を「あたりまえ」だと思ってはいませんか？

あるいは時間がないときには、「とりあえずシャワーだけでも」と温かいお湯を浴びることもあるでしょう。

しかし世界中を見渡すと、蛇口をひねるだけで即座に温かい、きれいなお湯が出る国はめずらしいのです。

一日の終わりに浴びるシャワー一つをとっても、それは「ありがたい」ことなのです。


私は数年前にインドへ行きました。行きたくて行ったわけではありません。「一応、仏教徒たるもの、一回ぐらいは行っておかないと」という使命感にかられて行ったのです。

いわゆる仏跡と呼ばれるところへ参拝をしに三回ほど行ってきたのですが、やはり予想どおり、インドは日本とは大違いの国でした。

しかも、お釈迦さまが活躍したところというのは、今のインドの中でもいちばん貧しい州です。裸足で外を歩いている人も多くいました。

それを見て、私は「ああ、うちの子どもが高校生ぐらいになったら連れてきたいな」と思いました。いかに日本が、すべてにおいて便利で、快適かということが身にしみてわかったからです。

それがスタンダードで、あたりまえだとしか感じなくなってしまうのはよくない。だから、子どもを連れて行きたくなったのです。


私も学生時代はスポーツをしていましたから、練習が終わったら何も考えずにシャワーを浴びていました。

ところがインドでは、シャワーもろくに浴びることができません。水が出ない、もちろんお湯は出ない。出たとしても黄色く濁った水です。

日本に帰ってからしばらくは、シャワーを浴びるのが怖くなりました。「こんなに便利でいいのか?」と思ってしまったのです。

インドでも、今では便利な場所もあるでしょう。インフラが整ったホテルもあるかもしれません。

しかし私がいたところでは、黄色い水があたりまえだったのです。電気だって、毎日一回は必ず停電していました。

なのに、帰国してしばらくすると、すぐに日本の快適さに慣れてしまいます。「ありがたい」と感じることは、ほんの一瞬。だからこそ、毎日浴びるシャワーの「ありがたさ」を、時には思い出していただきたいのです。

修行時代は、「何もない」状態にきわめて近い生活でした。**「何もない」ことを経験するのも、「ありがたさ」を意識するためには必要なのかもしれません。**

「自分のためのごほうびの時間」はいらない

いつの間にか、「がんばった自分へのごほうび」という言葉が蔓延《まんえん》しているようです。仕事をがんばったから、一人で映画を観にいく。家事をがんばったから、ちょっと高いアイスクリームを一人で食べる。あるいは、ちょっと高い買い物をする。

私には、「自分へのごほうび」の意味がよくわかりません。いつもより、ちょっとぜいたくなものを自分に与えることに抵抗があるから、都合のいい理由をつけているだけなのではないでしょうか？

ここでは、「自分のためのごほうびの時間」について考えてみましょう。

もちろん、ふつうに生活をしていれば、一人になる時間は必然的に生まれます。さらに言えば、たとえば通勤電車の中でイヤホンをつけて、音楽を聴くことに集中している人は、たとえぎゅうぎゅう詰めの電車の中であろうと、一人の時間を過ごしているのかもしれません。

ただ、一人の時間と、ここでいう「自分のためのごほうびの時間」は、ちょっと違います。映画を観たいときには、観ればいい。アイスクリームを食べたければ、食べればいい。ぼーっとしていたければ、ぼーっとしていればいい。ただそれだけのことです。

そこに、「自分のために」「がんばったからこれくらいなら」という理由づけは必要ないと思うのです。

時間はだれにも平等に、なおかつ勝手に流れていくものです。それを勝手に区切ることは、時間に対する執着です。**時間に執着する人は、逆に時間に縛られるのです。**

修行道場での夕食は、夕方の四時。だいたい三〇分くらいでいただく「薬石」です。四時半から交替で風呂に入って、だいたい五時半ぐらいから九時までは、ずっと坐禅をしています。

私がいた龍澤寺では、毎日風呂を沸かしていました。何人かで一緒に入りますから、一瞬です。「あ〜〜」とゆっくり湯船につかる時間などありません。行水のような感じで、バーッと体を洗うだけです。

一瞬湯船に入ったら、すぐに出て、バーッとお湯を体にかけて、洗って、もう一回入って、出る。せいぜい五分ぐらいで終わります。

また、入りたてのうちは先輩もいますから、さらにゆっくりしていられません。上がったら、すぐに坐禅をはじめます。

一日のタイムスケジュールがびっしりと決まっていて、自分の時間を持つなんていう余裕はほとんどありません。それも修行の一つの意味だと思います。

慣れてしまえば、別に自分のための時間が欲しいなどとは考えません。仮に自由時間があったところで、することもありませんし。

そう考えると、自分のための時間など、そもそも必要ありません。**すべての時間には、もともと何らかの意味があるのですから。**

無理やり「自分のためのごほうびの時間」をつくる必要などないのです。

毎晩、部屋の掃除をする

必ずしも夜でなくてもかまわないのですが、毎日必ず自分の家のどこかをちょっとでもいいから、掃除をする習慣を持つことは必要です。掃除こそ、いちばん坐禅に通じやすい行動だと私は考えています。

私たち禅僧は、ひたすら坐禅をします。坐禅が根本だからです。その坐禅という行為を動作として表すと、掃除になるでしょう。

それは、「塵《ちり》を払う」ということです。**坐禅は、心の中の「塵を払う」こと。**いわば、「心のクリーニング」みたいなものなのです。

塵は、毎日毎日落ちてきます。その日きれいにしたからといって、明日もきれいじゃない。飽きることなく、一生払い続けなくてはなりません。

物をつくることと坐禅との違いは、そこにあります。物をつくるときには、「完成」という最終形があります。しかし、心の中の塵払いには、「よし、これできれいになった。完成だ」という瞬間はありません。

果てしなく、心の塵を落とす習慣。それを身近な行為で実現できるのが掃除です。

だから、毎日少しずつでもいいから、身の回りをきれいにする。それが心の掃除をする習慣にもつながるのです。


みなさんは「悟り」というと、「一度ピカッと悟ったら、二度と苦しみや悲しみがない世界」だというイメージを持たれているかもしれません。

しかし、実は「悟り」とは、別世界に行くことではありません。悟ったから何も苦しくない、悲しくないというものではないのです。

掃除と同じで、きりがないのです。

たとえば包丁や刀は、手入れをしなければ錆《さ》びていきます。錆びさせないためには、手入れを怠ってはいけません。その手入れも、毎日の掃除に似ています。

体もそうです。私も学生時代にスポーツをやっていましたが、練習を二日でも三日でも休むと、元に戻すのはほんとうに大変なことです。

道具や体といった、目に見えるものは比較的わかりやすいので、みなさん一生懸命、朝な夕な、夜中でもランニングをしたりします。

スポーツジムなどもいたるところにありますし、体は一生懸命手入れをしているのです。健康診断を受けたり、人間ドックに行ったりするのもそうですね。

実は心も、体と同じように、毎日の手入れ、メンテナンスが必要なのに、案外気がついていない人が多いようです。

一日過ごせば、だれであろうといろいろなことがあります。いろんなことを言ったり、やったりする。あるいは、いろんなことを思うわけです。

人間は、思ったことを全部口に出しているわけではありません。そんなことをしたら、大変なことになるでしょう。

そうして、いろいろな感情がわいていますが、言葉にしたり行動したりすることで相手を傷つけないよう、自制心でコントロールして生きているわけです。

そうすると、心に少しずつ塵がたまっていきます。その塵を、毎日払うのです。毎日心のクリーニングをして、翌日に持ち越さない、ということです。

私たちはその心のクリーニングを、坐禅を通してやりますが、みなさんは、なかなか毎日坐禅を組むという習慣を身につけるのは難しいでしょう。

でも、掃除なら毎日できます。**目に見えるものを片づけ、塵を払うという行為をしながら、同時に心の塵も落として、明日に持ち越さない。**

できれば、朝に一回、夜に一回。すっきりときれいにして一日を終え、眠りにつくことです。

決まった時間に布団に入る

体や心の健康のために、睡眠が注目されているようです。また、睡眠不足や睡眠障害に悩まされている人も多いようです。

たしかに、人間は寝なくては生きていけません。しかし、あまりに神経質になっては、かえって睡眠を妨げる結果になるような気もします。

寝よう、寝ようとすればするほど眠れない。「早く寝なくちゃ」というときにかぎってなかなか寝つけない。そういうものではないでしょうか。

それは、寝ることを意識しすぎているのだと思います。決まった時間になったら布団に入り、横になって目を閉じる。それだけでいいのではないでしょうか。そして、気がついたら寝ている——それが眠るということでしょう。

「寝なくちゃ」というのも、睡眠に対する執着です。**執着なら捨てることができるはずです。**

眠れないときには、目を閉じているだけで、眠らなくてもいい。ただ、布団に横たわって体を休める。**「眠ろう」という気持ちすら捨てて、ただ横になる。**それだけのことです。

道場の消灯は、夜の九時です。夕食後、五時半くらいからずっと坐禅をして、終わったらすぐに消灯。

道場の一日の中には、自分で勉強するための時間はありません。

たとえば、お経がまだ読めない人はどうするか。消灯時間後に、自分で懐中電灯を持って、どこかに行って勉強するしかないのです。

あるいは、座布団一枚を持って、本堂や縁側でさらに坐禅をする人もいます。これは、「夜坐《やざ》」と呼ばれています。

そうした自分なりの勉強や坐禅をしてから寝ますので、消灯が九時でも、だいたいみんなが寝るのは一〇時半とか一一時とかです。自分で決めたことをやり終えたら、やり終えた時間に布団に入るわけです。


起床が三時半か四時ですから、睡眠時間はだいたい五時間ぐらいでしょうか。今から考えると、うまくできていると思います。

修行に来る人は、今はだいたい大学を卒業してからというのが平均的なパターンですから、二二歳くらいです。

その歳の若者に、食べたいだけ食べさせて、寝たいだけ寝させたら、修行なんかになりません。

食事や睡眠時間を制限することで、ある程度体力を削ぐ結果になっているのです。

もちろん、つねにお腹はすいていますし、一日中眠いです。でも、それが日常のあたりまえのことになってしまうと、苦にならなくなるのです。

坐禅中にしても、眠くなります。けれど、先輩の僧侶が回ってきますから、眠るわけにはいきません。

そういう、食事や睡眠を削ぎ落とした生活をしていると、布団に入ればすぐに眠ってしまいます。「寝なくちゃ」と考えるいとまもないのです。

毎日決まったことをして、決まった時間に布団に入る。

そして食べすぎない、寝すぎない。それだけの習慣で、自然な睡眠は得られるものです。

布団の中で、一日を振り返る

一日の生活の中で、私たちはさまざまな感情を抱きます。怒り、悲しみ、喜び。それらを、布団の中で毎晩思い出してみましょう。

その日に起きたことと、そのときの自分の感情を整理するのです。

極端な例をあげると、その日、会社をリストラになったとします。気分としては不快。腹が立つでしょうし、悔しいでしょうし、悲しいでしょう。「明日からどうしたらいいんだろう」という不安もあると思います。

眠りにつくまでの布団の中での時間を、そういった自分に起きた出来事と、そのと

きに湧き上がった感情を一つひとつ思い出して、整理する時間にするのです。

リストラは非情な現実です。驚きますし、絶望するかもしれません。しかし、**感情を整理してみると、事実だけが残ります。**

「リストラされた」という事実だけをとらえると、自分の一つの仕事が終わったということです。その会社の人間ではなくなったという現象でしかないわけです。

仏教においては、「因縁説」をとっています。**起きたことには何かしらの原因があるということです。**感情はいったん脇に置いておいて、事実にだけ目を向け、自分でその事実が起きた原因を考えるのです。

起きたことは、もう変えようがありません。事実を受け入れていくしかないのです。

感情と事実を切り離し、起きたこととの原因を、感情にとらわれずに冷静に考える。

そうすれば、その日に生まれた感情を、一回リセットして、心をクリーニングすることができるはずです。

私の父のお師匠さんだった山本玄峰《げんぽう》老師は、こうおっしゃっていたそうです。

「一日の最後、寝る前に、今日一日あったことを思い出して、あの人にあんなことしちゃった、こんなこと言っちゃった、そのときに自分はこんなことを思ったと、自分の行為を一つひとつ思い出しなさい。

そして、だれかを傷つけたり、不誠実な行いをしたのであれば、『ああ、申し訳なかったな』と、布団の中でその人に謝りなさい。

面と向かって謝ることはなかなか難しい。でも、せめて自分の心の中だけでも、一日の終わりに毎日毎日反省しなさい」

これはまさしく、布団の中での「心のクリーニング」です。

自分が行ったことは事実。それを受け入れて、**心の中で相手に謝るだけでも、自分の感情を翌日に持ち越さないことにつながる**でしょう。

事実と感情は、複雑に絡まり合っているのが常。それを解きほぐし、事実は謙虚に受け入れて、必要があればその原因を考える。

すると**自然と、感情はおさまっていき、あとを引かなくなる**のです。

「自分」を全否定してみる

毎晩、布団の中で一日を振り返ってみて、結局やるべきことは反省です。

「あんなことして、悪かったな。ごめんなさい」

「あのとき、あの人の気分を害しちゃったな。ごめんなさい」

起こしてしまった事実を、ありのまま受け入れることは、自分を否定することにつながります。私は、それでいいと思っています。

「自分はこうあるべき」「自分はこういう人間だから」――そうした意識は、自分への執着です。**自分に執着するから、かたくなになり、素直に事実や他者の言葉を受け入れられなかったりするのです。**

最近の若い人の言葉づかいで、「私って、クリエイティブな人じゃないですかー」などという言い方があるようです。何ですか、それ。意味がわかりません。「自分には創造力がある」とでも言いたいのでしょうか。

そんなことは、本来自分で口にすることではないでしょう。他者から評価されるのなら別でしょうが。

自分で自分のあり方、自分とは何かを決める必要は、いっさいありません。**自分はどんな人間なのかを考える暇があるのなら、いっそのこと、自分を捨ててみましょう。全否定するのです。**

修行道場では、ひたすら叱られます。「私」という人物や人格を、全否定されるのです。

箸の上げ下ろしからはじまって、大げさではなく一日中叱られています。立っても怒られる、坐っても怒られる、歩いても怒られる。当初は、「えっ、何をしたらいいんですか？」「これもダメなんですか？」の連続です。

それは、そもそも全否定するために叱っているので、当然の反応なのです。

結局、全否定というのは、「僕を否定するんですか？」「そうだよ」ということです。「何でですか？」「おまえの『私』っていうのを取るためだよ」。


そもそも、「私」というものなどありません。しかしみんな、さも何かがあるように思っている。それは、自分の頭の中で、「私」というものをつくってしまっているのです。

「私ってこういう性格」「僕ってこういう人間」「俺ってこうだからさ」——そんなものは、もともとないのです。

「自分自身はこういうタイプの人間だ」と決めてしまうと、人間が小さくまとまることにもなります。

あなたがやってきたこと、それに基づいてあなたが考えられる範囲なんて、ものすごく小さなことにすぎないのです。

自分に枠をつくってしまうと、何か異質なものに出会ったときに、受け入れることができません。枠と枠がぶつかってしまうからです。

「自分はこういう人間だ」と決めることは、まるで絶海の孤島で生活をしているようなもの。おそらく何の進化もできないでしょう。

自分に枠をつくってはいけません。寝る前に一回自分を全否定して、枠を解き放ちましょう。

「労して功なし」を受け入れる

一日を振り返ったときに、「がんばっているのに、報われないな」と感じる日があるかもしれません。

しかし、それがふつうです。すべてのことは「労して功なし」なのです。何をするときにでもです。

もちろん、「労して功なし」だから、いいかげんに手を抜くということではありません。**そもそも、何も求めない**ということです。

見返りや感謝を求めるのではなく、**ただその瞬間、その瞬間で、自分のやるべきことだけを無心にやる。**それに集中するということです。

その気持ちこそが、仏教や禅の考え方の前提です。

坐禅も修行も、やっていることは「自分をはがしていく」ことです。言葉にすると簡単ですが、並大抵のことではありません。はがしてもはがしても、同時にどんどん新しく、余分なものがついてくるからです。

余分なもの、つまり「功」を求める気持ちは、毎日毎日、次から次へとついてきます。それをはがして、はがして、はがして、はがしてと繰り返すのです。

すると結局、玉ねぎの皮をむくように、最後は何もないところに行き着く。その「あ、何もなかった」というところを目指すのが、坐禅であり、修行なのです。

修行中は、毎日頭の中はクエスチョンマークだらけです。「何これ?」「こんなことしてどうなるの?」——しかしそれは結局、自分がつらいことの言い訳でしかないのです。

その修行を通して、自分を捨てる。「功」を求める気持ちを捨てることを学ぶわけです。

世界でもっとも過酷な刑罰とは、四人に午前中はひたすら穴を掘らせ、午後はそれを埋めさせるのを繰り返すものだと聞いたことがあります。

つまり、ゴールや結果がないから、達成感が得られない。すると、「むなしさ」だけが生まれ、それが人間にとっていちばんつらいのだそうです。

しかし禅の道場では、似たようなことをやっています。「何もすることがなかったら、穴掘って埋めろ。それでも動け」と言われますから。

仏教的にいえば、「井戸を雪で埋める」ということです。雪をどんどん井戸に放り込むのだけれど、入れた雪は次々に溶けて水になる。埋まるわけがない。いつまでたっても終わらない、ゴールがないわけです。

でも私は、全然大丈夫です。何日でも、なんなら一生でも、雪を井戸に放り込み続けられると思います。それは、玉ねぎの皮をむき続けていったら、最後には何もないことを知っているからです。

文学的にいえば、人生そのものが、そもそもむなしいものだと知っているからです。

結局、人間は死に向かって生きているわけです。人生のゴールとは、死です。生きるということは、すべてその過程にすぎません。

会社で偉くなるとか、プロジェクトが成功するとか、同僚とけんかするとか、家族と笑い合うとか、すべてが人生の途中の出来事にすぎないのです。

人生とは、老いて死ぬこと。それだけなのです。

であれば、土に穴を掘って埋めることも、井戸に雪を放り込むことも、仕事がうまくいかないことも、人間関係がぎくしゃくすることも、人生の途中経過という点では全部同じです。

達成感という言葉に惑わされてはいけません。**そんなものは、人生の中でささいな出来事の一つでしかないのですから。**

「目標」「夢」は、毎晩捨てる

仕事であろうとプライベートであろうと、「目標を持ちなさい」「それに向かって努力しなさい」とよくいわれます。あるいは、「夢」と言い換えてもいいでしょう。「年収一千万円稼ぎたい」「家族で住める一軒家を建てたい」、あるいは「仕事を通じて社会をよくしたい」「世の中の役に立ちたい」——たとえば、こうしたものが「目標」であり、「夢」なのでしょう。

しかし、そうした考え方は、西洋的といいますか、論理的といいますか、少なくとも私たち禅僧の考え方とは異なります。

たとえば、私たちの修行ということに限定して言うならば、別に人のために修行しているわけではありません。すべて自分のためです。

よく「自利利他」といいますが、その意味は、「まず、自分のため。そして、それが同時に、人のためにもなる」ということです。

修行の精神は、まさに「自利利他」です。私はそれがいちばんいいと思っていますし、仕事も本来はそういうものだと思います。

したがって、わざわざ「何かのため」という「目標」や「夢」といった理屈をつけなくても、最初は自分のためになることをすればいいと思うのです。

本当に、自分のためになるようなことをやっていけば、それがそのまま会社のためになり、社会のために、そして家族のためになっていくでしょう。

そもそも「目標」も「夢」も、どうせ現実とは合わないものです。現実から離れた絵を描いているわけですから。

その絵は、自分たちが勝手に頭の中で描いた絵だから、現実をそれに当てはめようとしても、それは無理というものです。

しかし、「目標」や「夢」がないと生きていけないというのならば、毎日新しい絵を描けばいいのです。**夜になったら寝る前に一回捨てて、また朝が始まったら、新しい絵を描きなさい**ということです。

人間は、自分のやることに何かしらの意味を見出したり、何のためにするのかといった理屈をつけたりしたがるものです。それは、自分が納得するための理屈です。

しかしそんなものは、本来はあってもなくても、どうでもいいのです。

修行者には「目標」や「夢」はありませんが、しいて言えば「願《がん》」がそれに近いものかもしれません。「四弘誓願《しぐせいがん》」とは、修行をするときの四つの誓願です。

衆生《しゅじょう》無《む》辺誓願《へんせいがん》度《ど》
煩悩《ぼんのう》無《む》尽誓願《じんせいがん》断《だん》
法門《ほうもん》無《む》量誓願《りょうせいがん》学《がく》
仏道《ぶつどう》無《む》上誓願《じょうせいがん》成《じょう》

もろもろの生きとし生けるものは、数えることができない。しかし、それを救っていこう。

人間の煩悩というものは尽きることがない。しかし、それを断っていこう。

われわれには、八万四千といわれる膨大な法門、教えがあり、それは無量であるけれども、それを学んでいこう。

その仏道という道も、上がない。ここまで行ったらいいという上限はないけれども、それを必ず成じよう——といった意味です。

こういった、形があるような、ないような、ものすごく大きな誓いが「願」です。「目標」や「夢」と比べたら、とてつもなく大きなものです。

こうした「願」を一方で持ち、一日一日、自分がいま成すべきことを精一杯やっていく。それが修行です。

これくらい大きすぎる願いであればあってもいいでしょうが、**「目標」「夢」といった自分の都合のためにつくった理屈はいりません。**毎晩、捨ててしまいましょう。

どうしても持つのなら、到達不可能な「目標」を

「目標」「夢」について、もう少しお話ししましょう。
最終的に何かものすごく大きな「目標」や「夢」を持つこと自体は、けっして悪いことだとは思いません。ただ、あまりに現実的なものだと、どうなんだろうと思ってしまいます。
「目標」も「夢」も、行動を起こすにあたっては、あったほうが便利なものではあります。**本来、そこへ到達するというよりも、それを持つことによって、日々努力するモチベーションを維持するためにあるべきものです。**

ところが人は、そうした「目標」「夢」という「絵」を描くと、そこに到達することだけが目的になってしまう場合が、往々にしてあります。

そうすると、たとえば山を登るときでいえば、本来は一歩一歩、踏みしめながら登っていくことが大切なのに、頂を極めることが目的だと勘違いしてしまうわけです。

すると、「もうつらいから、だれか引っ張ってよ」とか、「ちょっと脇に近道ないかな？」「車に乗っちゃえ」と考えてしまいます。

とにかく、頂上にたどりつけばそれでいいという気持ちが生まれてしまいがちなものなのです。

数字化された目標を考えてみると、わかりやすいかもしれません。たとえば会社で、「売上一千億円が目標だ」と社長が言ったとします。

本来それは、社員全員が力を合わせて、みんなで努力を積み重ねて、なおかつお客さまにも喜んでいただいた結果として、一千億円を目指すという意味であるはずです。

ところが、「一千億円」という数字だけがひとり歩きしてしまうと、「売上をちょっとごまかして届かせようか」「水増ししようか」といった発想になってしまうことがあるのです。

それは、そもそも社長が思い描いた「絵」とは違います。しかし、数字化されたとたんに、「楽しよう」「ズルしよう」という気持ちを生み出してしまう。人間とはそういうものなのです。

しかし新たな行動をはじめる際に、メンバーの意識を統一したいときは、言葉で「目標」を明確にすると便利です。

だから私は、「目標」「夢」は、漠然としているほうがいいと思うのです。あるいは、到達不可能といえるくらい大きすぎる「夢」です。

到達不可能なことを目指すのですが、**いちばん大切なことは、毎日一歩ずつ進む、継続して歩み続けるということです。**そちらこそが重要なのです。

数字に代表されるような、手が届きそうな現実的な「目標」を追うから、苦しくなったり、不安になったりするのではないでしょうか。

さらに言えば、少し手を伸ばせば届く「目標」は、本当にあなたが目指すべきゴールなのでしょうか。

大切なことは、ゴールに至ることではありません。

一歩一歩、確実に歩を進めるという、毎日の生活にこそ、本来の「目標」「夢」は潜んでいるのです。

第4章

それでもまだ晴れない心が調《ととの》う「禅的考え方」

不安な心は、自分が生み出している

人間は、不安な気持ちを自分で大きくしてしまうものです。身体的な痛みも何割かは脳がつくり出したものだと聞いたことがあります。

それが心にも当てはまるとすると、「心配だな」「ヤバいな」と感じているもののうち、本質はその一部にすぎない。残りは本人が勝手につくったものなのです。

これは坐禅をしていると感じます。一日一〇時間も坐禅をしていると、気が遠くなるほど足が痛いのです。坊さんは慣れているから、長い間坐っていても足が痛くならないだろうと思う方がいるかもしれませんが、どんなに修行をしたところで、足は痛くなります。

坐禅は通常、「一炷《いっしゅ》」といって、線香が一本燃える時間、だいたい三〇分ないし四〇分を一つの区切りとします。少し休んで、またそれを繰り返していくのです。

坐りはじめは当然痛くない。しかしそのときによって、二〇分で足が痛くなったり、三〇分で痛くなったり、いずれにしてもどこかで足が痛くなるわけです。

すると、坐りはじめのまだ痛くないうちから、「いつ痛くなるんだ?」「いつくるんだ?」と足の痛みがくることを想像して怖くなります。

それは、**自分で痛みを想像して、勝手に不安を生み出し、さらにそれを大きくしているわけです。**

私もつねに不安です。「この寺を維持していけるのだろうか?」とか、いつも不安な心が生まれてきます。

一方で、「まあ、だめになったら、なったときだよ」という開き直りもあります。

しかし、まったく不安がないかといえば、それはうそになります。

不安のない人生はありません。しかし、**自分で不安を増大させる必要もありません。**

そもそも、どこかから湧き上がってきたものですから、それはまた消えていきます。消えたと思ったらまた湧き上がって、また消えていく。そういう繰り返しの中で、私たちは生きているのです。

坐禅の効用は、そういった不安を抱えている自分を、少し引いて、客観的に見られることです。

NHKの「ためしてガッテン」という番組では、「客観視くん」という説明をしていました。私たちの脳の中には、つねに自分を客観的に見る分野があります。それが「客観視くん」(背内側前頭前野という部位)です。

なんらかの理由で「客観視くん」の力が弱くなることがあります。たとえば、お酒を飲んでごまかそうとするとき。しかし酔いから醒めると、急激に不安を目の当たりにするために、実態以上に大きくとらえてしまうのです。

まず、自分の中に「客観視くん」がいることを意識しましょう。だれにもいるはずです。その「客観視くん」は健康でしょうか？　疲れていませんか？　サボってはいませんか？

人間は、自分の中から生まれてきたものを、つい自分で捕まえてしまいます。勝手に生まれてきたのだから、そのまま放っておけばいいのに、ついつい手に取ってしまい、「想像」という絵筆で派手な着色をしてしまいがちなのです。

そこで「客観視くん」の出番です。彼に「その不安は、ずっと持っているべきものじゃないよ。もともと手放すものだよ」とささやいてもらって、余計な気持ちは空に解き放ちましょう。

坐禅に通じることですが、人間は何も持たず、手ぶらでいるのが自然なのです。いいものも、悪いものも持たない。うっかり手にしてしまったら、捨てましょう。

手に入れよう、手に入れようと思っていると、余計なものも手に入ります。全部、手放すのです。

大丈夫です。それで死ぬことはありません。そもそも、何も持たないのが本来なのですから。

不安は自分で消すことができる

不安な心をしずめるための一つの方法は、何かに没頭することです。そういう意味では、坐禅はよくできていると思います。

「何時間でも足を組んで坐っていられます」という人も中にはいますが、坐禅をすれば足が痛くなるのがあたりまえです。

足の痛みがどんどん大きくなってくると、足のことしか考えられなくなります。会社のことも、家庭のことも、考えている余裕はありません。

ただ、足が痛い。すべての意識が足に集中します。そのとき、不安はなくなっているはずです。それどころではないのですから。

むしろ不安が募るのは、実際に坐禅を始めるまででしょう。駅を降りて、寺までの道のり。寺について、坐禅が始まるのを待つ時間。

「大丈夫かな？」「足が痛くなったらどうしよう」「警策《けいさく》で打たれるのはいやだな」などと、さまざまなことを想像して、自ら不安を生み出してしまうのです。

実際には、特に初心者の場合、足の痛みに気を取られますから、そんな不安な気持ちは坐禅の最中に消えてしまうでしょう。

また坐禅が始まる前の、法話の段階から坐っていますから、その時点で足がしびれてくると、坊さんがどんなにありがたい話をしていても、耳に入りません。

「長いな」「早く終わらないかな」と思うだけでしょう。**でも、それでいいのです。**

私自身は小学生のころから、坐禅会に出ていました。小学生ですから、坐禅の理屈はわかりません。

「とにかく坐禅すればわかる」と言われたことだけは覚えていますが、そのほかにどんな話があったのかは全然覚えていません。足が痛くなるのを我慢しながら、ただ坐っていました。

人間は目を閉じることができるので、「見ない」ことはできますが、手で耳をふさがない限り、「聞かない」ことはできません。音声は必ず聞こえてきますから。

ところが、坐禅会の法話もそうですし、講演会や会議などもそうでしょうが、ほかのことを頭の中で考えていると、まったく耳に入らない状態になります。肉体的には聞こえているはずなのに、まるで聞こえていないような状態になるのです。

しかし、たまに興味がある話題があると、「おっ！」と思ったりします。自分が聞きたいところは聞こえる。

要するに、**私たちは自分が見たいものしか見ていないし、聞きたいことしか聞いていないということです。**

人間の感情の中でも、特にマイナスのもの、**悲しみとか不安とかいったものは、なかなか自分でコントロールしにくいものです。**勝手にあふれてきて、止めようがない。

感情とはそういうものだと思っている方も多いでしょう。

しかし、実はそうではありません。繰り返しますが、不安も喜びも、すべての感情は自分自身が生み出している、あるいは選んでいるものです。

であれば、会議の会話が耳に入らないのと同じように、たしかにそこにあるのに、「あるとは思わない状態」にできるはずです。

そのための一つのヒントが、坐禅の際の足の痛みです。**ただ一つのことに意識を集中し、没頭すると、それ以外の思考や感情は、その間は消すことができるのです。**

腹が立つのは、執着があるから

人間だれしも、腹が立つことはあります。もちろん、私もそうです。修行をしたから、坊さんだからといって、腹が立たないわけではありません。

怒るというのは、心の自然な働きです。それは、執着があるということです。「自分はこうしたい」という執着があるから、それに相手が合わせてくれないときに腹が立つのです。

一方、「怒らない」というのも一つの執着です。「自分は絶対に腹を立てない」という執着があるのですから。

修行道場では、老師は一日中、雲水（修行僧）たちに怒っていました。あれしろ、これしろ、それはだめだと、叱っていたわけです。

問題は、叱ったあとです。叱るときには本気で腹を立てているのですが、**叱ったらパッと切り替えて、いわば刀を鞘《さや》に収められるかどうか。**

何日も腹が立って収まらないこともあるでしょう。顔を見るだけで不愉快になる。しかし、時間が経てば、たいていのことは些細なことになります。次に会ったときに、何のわだかまりもなく「こんにちは」と言えるといいですね。

山岡鉄舟先生が、生涯を通して極めたものは剣の道です。そして、最後に至った境地が「無刀流」です。

厳しい剣術の稽古を毎日繰り返し、生きるか死ぬかの稽古をして、最後に行き着いた境地は、刀を抜かないということでした。

鞘から刀を抜くことなく勝つのです。「**刀を抜かない」ことは難しいですが、一つの理想の姿として覚えておきたいことです。**

では、怒りの根源にある、人間の執着について考えてみましょう。坊さんはなぜ頭を剃るのか。それは、「執着を断つ」ということを形で表しているのです。

頭を剃るときに唱える「剃髪《ていはつ》の偈《げ》」というお経があります。

剃除鬚髪《ていじょしはつ》　髪の毛とひげを剃ることで、
当願衆生《とうがんしゅじょう》　ひたすら願います。
永離煩悩《えいりぼんのう》　煩悩から遠く離れて、
究竟寂滅《くぎょうじゃくめつ》　安らかにあり、悟りの境地に達することを。

つまり、「あらゆる執着を捨てて、煩悩の苦しみから逃れ、悟りの道に邁進《まいしん》します」という一種の宣言です。坊さんは頭を剃ることで、執着から離れよう、あるいは離れますという意思を表すのです。坊さんといえども、執着の塊だということです。

また、自分の子どもを見ていると、子どもは親にとって執着の権化だと感じます。愛おしくて、かわいいからこそ、言うことを聞かなければ腹も立ちます。

お釈迦さまも、自分の子どもができてから出家しています。子どもの名前はラーフラ、「差し障り」という意味です。そして、執着である子どもも嫁も捨てて、修行に出るのです。

「執着を捨てなさい」と、私たちは簡単に言いますが、生きること自体、執着がないとできないことです。捨てよう捨てようとどんなにがんばっても、修行をしても、坐禅をしても、捨てきれないもの、それが執着なのです。

しかし、**執着しすぎると自由がきかなくなります。**腹を立て、刀を鞘に収めることが難しくなります。

腹が立ったとしたら、それはあなたの執着から生まれています。そしてその**執着を捨てられないのは、あなたが持っている「常識」「型」が邪魔をしているからです。**

執着は捨てられなくても、あなたの「常識」は変えられます。それで刀を鞘に収めることができるのなら、あなたの「型」が間違っていたのかもしれません。

「常識」を変え、「型」を崩す勇気を持つと、自分の怒りという感情と上手に向き合えるようになるのです。

不快や不便を改善しようとしない

現代人の生活は、いかに不快や不便を取り除くかに一生懸命になっているように思います。テレビのコマーシャルを見ていると、「あなた、こんなことが起きたらいやでしょ?」「こんなものがあったら便利でしょ?」と、しきりにアピールしています。購買欲を煽っているといってもよいでしょう。

もちろん、それは商品やサービスを売るために、当然必要な訴求です。それ自体が悪いことだとは思いません。

しかし、「それは本当に自分にとって、どうしても耐えられないほどの不快、不便なのだろうか？」と問い直すことも必要です。

実はたいして必要ではないのにもかかわらず、快や利便を安易に求めていることもあるのではないでしょうか。

インターネットで注文すると、当日あるいは翌日には品物が届く。たしかに便利ですが、本当にすべてのものがそんなに早く届く必要があるのか、ということです。目と耳でだまされているだけで、実は「別に明後日でも、来週でもいいか」というものもたくさんあるはずなのです。

禅の心は、あるものを受け入れる生活をするということです。ないものを求めるのではなく、今あるものでやっていく。

すると、不快や不便を感じる基準がだんだん低くなって、必要以上の利便性は、そんなにいらないと考えられるようになります。

知り合いの動物病院の先生に、「なぜ犬に洋服を着せる人がいるんでしょうね。そんな必要あるんですか？」と聞いたことがあります。

すると、「住職、そうじゃない。今の犬は家の中で飼われているから、外へ出るときに洋服を着せないと風邪を引くんだよ」と言われました。

「犬が風邪を引くんですか？」「引くよ」「昔からですか？」「いや、それは家の中で飼いはじめたからで、外にいる犬は風邪なんか引かないよ」とのことでした。

また、最近の飼い犬の中には、冬毛と夏毛に生え変わらないものもいるのだそうです。毛が飛びませんから、人間にとっては便利なわけです。

これも人間が、不便を便利にしようとしたことが招いた結果なのかもしれません。その一方で、人間も知らず知らずのうちに弱くなっているような気がします。それも、必要以上に不快、不便を解消しようとした結果なのでしょうか。

一般的な生活では、不快、不便なことをいかに解消するかに知恵を絞ります。それに対して、禅寺の考え方は、ただあるものを受け入れていくということです。

人はふつう、ちょっとでも不快だったり、不便だったりすると、何とかしたいわけです。受け入れようとはしません。

不快、不便を受け入れないで、「なんでこんなに不便なんだ」「なんでこんなに不快なんだ」と、そこに執着します。

私たち僧侶は、それらを全部受け入れてしまうわけです。そこは真逆です。不快は不快のままで、それだけのことと考えるのです。

文化文明を否定するつもりはまったくありませんが、**案外、その不快はたいしたことではないんじゃないか、「それだけのこと」なんじゃないか。**

そう考えるだけでも、楽に生きるヒントになるのではないでしょうか。

自分の「物欲」に敏感になる

物の「片づけ」ができなくて悩んでいる人が多いようです。「断捨離」もいまだによく耳にする言葉です。

物が多すぎるとわかっているのに、捨てられない人が多いということです。これは「物欲」です。

では、「物欲」と「もったいない」はどう違うのでしょうか。

私は、その違いは「執着」があるかどうかだと思います。

今ここにあるものを大切に使うことは「もったいない」。それは、必要なものだからです。

必要でないものを捨てられないのは「執着」があるから。それが「物欲」にもつながります。

物に対する「執着」が強い人が多いように思います。それが、「片づけられない」「断捨離ができない」という悩みにつながっているのでしょう。

そもそも、生きていくために必要なものなど限られています。極端に言えば、何もなくたって生きてはいけるのです。

あなたの中にある「物欲」を捨ててみましょう。おのずと「片づけ」も「断捨離」もはかどるはずです。

私自身、振り返ってみると、昔から何かを集めたという記憶がまったくありません。これは、禅僧だから、修行をしたからということではなく、私自身の性格だと思います。

子どもの遊びレベルで、何かのおもちゃを集めたり、カードやグッズを集めたりした時期はあったのでしょうが、ほとんど覚えていません。たぶん、すぐに飽きて捨ててしまったのだと思います。

しかし、僧侶の中にも、趣味のコレクターはいます。私のいとこも僧侶なのですが、部屋中にイチローのフィギュアが置いてあるのです。

私なんて興味がありませんから、全部同じに見えるわけです。ところが本人は、「同じじゃないよ。ここが違う、あれが違う」。

でも、「このコレクションがあれば、彼は幸せなんだから、それでいいか」と思ったりもします。私には理解できない世界です。


私はもともと、「物欲」が少ないのでしょう。物は苦手です。自分で買うものは、せいぜい何冊かの本くらいでしょうか。

すると困るのは奥さんです。「あなたの誕生日に、何をプレゼントしていいかわからない」――私にもわからないので、しかたがありません。

私のこの性格は、修行生活には向いていたのかもしれません。道場には何にもありませんから。それでも、まったく苦にならなかったということです。

持って生まれた性格は、そう簡単に変えられるものではありませんが、時には「**これ、自分にとって本当に必要なもの？**」と自問してみてはいかがでしょう。

生きていくことだけを考えたら、そんなに必要なものってありませんよ。

「見える化」に振り回されない

今は、街中のいたるところにコンビニがあります。便利ですから、私も使います。コンビニのレジを打つ人は、ただ商品をピッと読み込むだけでなく、同時にお客さまの性別やだいたいの年齢を入力しています。

すると、「どんな天気の日の、何曜日の何時くらいには、こんなお客さんが、こんなものを買っていく傾向がある」と分析できるわけです。

ひと昔前と比べたら、すごい進歩だと思います。そのデータが集積されることによって、買いたいものが売り場にある確率が高まるわけですから、私たちにとっても便利なことです。

こうした数字のデータが、コンピュータの進化と浸透によって、とても重要なものになっています。今後は人工知能などによって、さらに利便性が高まる時代になっていくのでしょう。

確かに「見える化」された数字は、一つの指標として大切なものです。私たちの生活から、完全に切り離すことはできないでしょう。

ただ、**そのデータというものは、人間が使うべきものであって、人間がデータに使われるべきではありません。**

本来、人間にとっていちばん大切なことは、すべて見えないものです。信頼、愛、健康。全部、目で見ることはできません。数字化することができないものです。

たとえば、自分がいくら相手のことを好きだと思っていても、それだけでは通じません。そこで「見える化」して、文字にしたり、声にしたりして相手に伝えます。

しかし、「愛してる」といくら書いたところで、その文字自体には、何の意味もありません。

たとえばスマートフォンで、「愛してる」と書いてメールを送る。その文字そのものは、コンピュータの中の数字、記号の羅列にすぎないのです。

「愛してる」というメールをもらって、「ああ、愛してくれてるのか」と思うのは、その記号の裏にある思いを、「愛してる」という言葉とともに受け取るから感じることです。記号そのものに意味はありません。


時代がどう変わろうと、生きるために本当に必要なほとんどのものは目に見えないのです。


それでも「見える化」しようとするのは、比較や評価をするためです。見えないままだと、優劣や順序が決めにくい。あるいは、決めても不平や不満が生まれてしまう。だから、公正を期すために「見える化」する。

しかし、往々にして「見える化」された数字は、言い訳に使われているように、私には思えます。

数字を出せば、納得せざるを得ません。「あなたの『愛してる』は六〇点だけど、別の人の『愛してる』は九〇点だったから、そっちの人とつき合うわ」と言われたら、もうどうしようもないですよね。

おそらく、会社で使う「見える化」も、多くの場合、社員を評価するときに便利だから使っているのだと思います。どうしたら評価される側を納得させることができるのかという意味でのデータであり、説得材料なのではないでしょうか。

本来人間とは、比較して評価できるものではありません。**「見える化」された数字が、あなたの人間性を示しているわけではないのです。**

数字やデータは、たしかに便利。しかし、人間がそれに振り回されるのは、本末転倒というものです。

「困難を乗り越えたら成長する」と錯覚しない

人は、何か新しいことに接したり、いつもより目に見えて努力したりすると、人間の器が大きくなると考えがちです。

「あの人、苦労人だね」というのは、通常はほめ言葉です。あの人は苦労しているから、いろいろなこともよくわかっている、人の心のこともよくわかっているという意味で使うわけです。

もちろん、苦労をして、実際に人間的に成長していく人もいます。しかし一方で、苦労したがゆえに、ひねくれる人もたくさんいます。

いちがいに、「苦労しているから人間ができている」「何も苦労をしていないから人間ができていない」というものではありません。

苦労そのものではなく、そのことに対して、どういう姿勢で取り組んだのか。相手に対して、どういう姿勢で接したのかが、人間として成長するかどうかを決めます。

どんなに難しい仕事をしても、困難な仕事を成し遂げても、だからといって必ずしも人間が成長するわけではないのです。

簡単な仕事で、たとえそれが周囲から見て、評価されるような仕事ではなかったとしても、自分自身で誠心誠意、工夫しながらやっていれば、成長できるでしょう。

逆に、困難な仕事であっても、いいかげんにやれば、何の成長もしないということです。

非常に優秀な成績を残したスポーツ選手が、引退後に不祥事を起こしたというニュースをときどき見かけます。これはわかりやすい例でしょう。

何万人という観客が酔いしれるほどの活躍をし、注目された人気プロ選手。世界中の注目を浴びたオリンピック選手。

十代から注目され、スター選手となった過程では、当然それなりの厳しい練習を積んできたことでしょう。私たちには想像もつかないような苦しさを乗り越えてきたと思います。

しかし、引退後に悪いことをして捕まる。結局、アスリートとしての練習しかしてこなかったということです。

どんなに肉体的に苦しい練習をしてきたからといっても、必ずしも人間として成長していなかったわけです。

肉体的には本当に限界までトレーニングを積んできたのでしょうが、人間として素晴らしいかといわれたら、残念ながらそういう人ではなかったということです。

目の前のことにどう取り組んでいくのかと真剣に考え、あるいは心も同時にきちんとトレーニングしていかないと、やっぱりダメなのです。

私たちの修行もそうです。「いやだな、閉じこめられているな」という気持ちで修行をこなしていたら、何の修行にもなりません。
一方で、修行をしていなくても、世間のふつうのお仕事をされている方の中にも、とても素晴らしい人たちもいます。

結局のところ、その差は何かといえば、自分が今やらなければならないことについて、どういう心構えで取り組んだかでしょう。

成長できるかどうかの基準は、苦しいとか、厳しいとか、簡単だとかいうことではありません。「困難を乗り越えたら成長できる」というのは錯覚です。

いま目の前にある仕事を、ただあるがままに受け入れ、ただひたすら真剣に取り組む。つらいとか、楽しいとか、やりがいがあるとかないとか、そんなことは仕事においては、本来どうでもいいことなのです。

一生、真似し続ける

「学ぶ」という言葉の語源は「まねぶ」、つまり「真似《まね》ぶ」だという話は有名です。何事も、最初は真似から始まります。

修行道場の生活も、全部、真似です。台所仕事をするときにも、ごはんの炊き方から何から、ろくに教えてはもらえません。先輩がやっているのを見て、真似して覚えるわけです。

さらに言えば、修行を通じて、お釈迦さまの真似をしているわけです。坐禅もまさにそうです。お釈迦さまが坐禅で悟りを開いたというので、その真似をしているのです。

永平寺の前の貫首さんだった、宮崎奕保《えきほ》老師はこうおっしゃいました。

「一日真似したら、一日だけの真似。三日真似したら、三日だけの真似。一生真似したら本物になれる」

つまり、生涯、真似の連続だということです。もちろん、最後まで真似だけでは困るのですが、それくらい真似は大事なことだということです。

真似の本質とは、型を真似することから入って、最終的には心というものを学んでいく、心というものに気づいていくということです。

日本のお茶にしろ、お花にしろ、あるいは剣道にしろ、型を徹底的に学ばせます。**型を真似ることから始めて、だんだん奥に入っていって、最終的には、その道の心を学ぶのです。**

仕事だって同じでしょう。とりあえず型があって、それを真似するところから入っていく。先輩の真似をするわけです。

それを続けていくうちに、仕事の本質が見えてくる。それが仕事の心を学ぶということです。

私たちの場合、同じ修行仲間のことを「道友」と呼びますが、いい道友、いい先輩に恵まれるのは幸せなことです。

「三人以上いないと僧とは呼ばない」というのは、そういうことです。互いに切磋琢磨し、真似しながら学び合える人間の存在が重要なのです。

もちろん、師匠の真似もします。長年真似をしていると、字まで似てきます。

私の部屋に、今は父の写真と、その隣に父のお師匠さんの玄峰《げんぽう》老師の写真がかけてあります。玄峰老師は、九六歳までお元気だったのですが、その老師の九〇歳くらいのころの写真です。

私が幼いころ、当時はまだ父の写真はなく、その老師の写真だけだったのですが、その写真を見て私も姉も「お父さんだ、お父さんだ」と言っていたらしいです。

そのころ私の父は五五、六です。いま見ると、取り立てて似ていないと感じるのですが、子ども心にはよく似て見えていたということでしょう。

父は玄峰老師に、六つのときから弟子入りして、半生をずっと一緒に過ごしました。やはり師匠と弟子は、なんとなく似てくるものなのだな、と感じます。姿かたちというよりも、雰囲気が似てくるのでしょう。夫婦も長年連れ添うと、どことなく似てくると言いますね。

雰囲気が似てくるほど長い時間をかけて、お互いに真似をし合っているというわけです。

真似は一時のものではありません。**一生をかけて真似し続けてこそ、本物に近づくことができるのです。**

ただ感じて、自分を捨てる

「真似る」ということは、**いかに感じて、いかに自分を捨てるか**、その二つを同時にする行為です。

真似とは、型をそのままなぞるのと同時に、その人の心を感じることです。動きだけではなく、心も真似ることを心がけるのです。

そしてそれは、自分の心を捨てることにつながります。相手そのものになろうとするとき、自分の心はじゃまになるからです。

真剣に、必死に真似をしようとすると、自然に自分がなくなっているはずです。

そして、真似をするためには、つねにその人と一緒にいる、近くにいるほうが早いです。

全生庵は、江戸落語中興の祖、あるいは落語の神様と称される初代三遊亭圓朝の墓があり、落語家とのご縁も非常に多い寺です。

落語家の世界でも、昔は内弟子制で、弟子は師匠の家に住み込みます。一つ屋根の下で一緒に生活をし、師匠の食事を用意し、師匠と一緒に風呂に入って背中を流します。

そうして、師匠の一挙手一投足を真似するのです。名人になれば、師匠の生活そのものが、一日中落語みたいなもの。それに間近で触れ、その中から芸を学んでいくのです。

芸なんていうものは目には見えませんから、そういうふうに感じて、真似して、学ぶしかないのです。

そのかわり、内弟子には自分の時間、自分だけの生活はありません。すべてを師匠の真似に注ぐ。**それくらい、自分を捨てて真似してこそ、学びになるということです。**

私は、経営者にもよくお会いします。彼らの中には、過去に秘書を経験した方がけっこういらっしゃいます。

秘書は、自分を捨てなければならない仕事です。「社長だったらどう見るだろうか」「あの役員だったらどう思うだろうか」と、つねに自分を他人に置き換えなければなりません。

たとえば、面談の時間一つを決めるにしても、一五分でいい相手と、一時間必要な相手とがいるでしょう。それは当然、自分自身の価値観で決めるのではなく、「社長にとってどういう相手か」が判断基準になります。

社長が会社を経営するにあたって、どんな考えを持っているのか、どんな人脈を大事にしていて、これから何をしようとしているのか――それらをふまえたときに、その相手に何分の時間をとるのが、社長の意向にいちばん近いのか。

あるいは、社長のスピーチの原稿を、かわりに用意することもあるでしょう。社長なら、その場でどんな話をするのか、どんな言葉を選ぶのか。

要するに、自分ではなくて、社長という他者の目線に立ってすべてを見なければならないわけです。秘書の仕事は、究極の「真似」だろうと思います。多くの時間を共有し、感じ取り、なおかつ自分を捨てる仕事なのですから。

秘書経験のある経営者がけっこういるということは、結局、**自分を捨てて、他人の目で物を見るというトレーニングが、トップに立つための役に立っているということ**なのでしょう。

それはまさに、お釈迦さまの真似をし続けている、私たち僧侶の修行ともよく似ているのではないでしょうか。

錨《いかり》を下ろすように、自分の型を持つ

「学ぶ」とは「真似る」ことだとお話ししました。すると、「自分の個性、オリジナリティが生まれないのではないか」という疑問を抱く方がいるかもしれません。

一八代目中村勘三郎や立川談志は、「型破り」と「型なし」は違うという話を好んだそうです。本当に型を学んで、そこから出てくるのが「型破り」であって、最初から型がない人がやるのは「型なし」だというのです。

つまり、真似ることによって自分の型（あるいは、「芯」と呼んでもいいかもしれません）、すなわち基礎を身につける。そうして初めて、個性、オリジナリティが生まれてくるということです。

自分の型を持っている人は、失敗したときに強いものです。仕事でも人生でも、失敗がないということはありえません。だれしも必ず失敗します。そのときに、どこに返るのか、返るところがあるのか、ということです。

これはキリスト教の話なのですが、たとえば信仰というものも、船のように錨を下ろしているか、いないか。それが大事だといいます。

錨が下ろされているかどうかは、外からは見えません。港に波が起きたとしても、揺れ方も一緒です。

ただ波がおさまったあと、錨を下ろしていない船はどこへ流されてしまうかわかりませんが、錨を下ろしている船は、そのままそこにいられます。

一つのことにこだわりすぎるのも問題かもしれませんが、**錨のような自分の型、つまり芯を持っていれば、失敗してもそこに返ることができるのです。**

スポーツでは、型にこだわることが少なくありません。野球でもゴルフでも、スランプに陥ったら、徹底的にフォームの見直しをします。フォームとは、自分の本来の型です。

いちばん良いときのフォームと今のフォームとで、どう違うのか。どこが変わってしまったのか。それをチェックして修正するのです。

おそらくプロのレベルでは、型をキープすることは、ほとんどはマインドの問題なのでしょう。体だけの問題であれば、そんなに簡単に型が崩れることはないでしょうから。

型は、いちばん基本となる行動を大切にすることでしか守れません。心はころころと変わるものです。それでも変わらない、基礎となる型、芯。それは、常日頃の行動を意識して行うことでしか、キープできないと思います。

たとえば、日常の食事や睡眠時間。**プロスポーツ選手ほど、そういうあたりまえの習慣に気を配っているのは、型をキープするためです。**

今の時代、「生きる」ということの型を、学校でまったく教えていないと思います。

入学していきなり、算数だ、国語だ、理科だ、社会だ、英語だというのは、生きるためのテクニックにすぎません。

物が読めなければ損をしますし、計算もできなければ損をする。しかしそれは、あくまでもテクニック。別に知らなくても生きていけます。字が読めなくても生きてはいけるし、算数ができなくても生きていける。

ただ、そういうものを知っていたほうが便利だし、だまされることもないから、国語や、算数や、英語の勉強をするのです。

しかし、生きるための根幹となる型を教わる機会はすっかりなくなってしまいました。昔であれば、「四書五経」を学びました。それは読み書きというテクニックだけではなく、「生きるための型」の勉強であったはずなのです。

いま、「心が折れる」という言葉が流行っているようです。それは、芯となる型がないから折れてしまうのではないでしょうか。

もっともっと、生きていくために本来大切な型を学ぶ機会をつくらなければならないと感じています。

子どものように、瞬間瞬間を生きる

坐禅を重ねていくうちに気がつくことがあります。それは、子どもの心の自然さです。

何を無理することもなく、そのときそのときに起きることに身も心もゆだねている。その状態でいる姿こそ、坐禅で求めていることに近いのではないかと思うのです。

「いま泣いたカラスがもう笑った」と言いますが、子どもってまさにそうですね。今まで泣いていて、頬にまだ涙が流れているのに、次の瞬間には満面の笑みになります。

私たちの心とは、本来そういうものだと思うのです。心とは、子どものように自由自在なもののはずなのに、**年を取ってくると体が硬くなるのと同じで、心も硬くなってくるのです。**

「幼な子の　次第次第に　知恵付きて　仏に遠くなるぞ　悲しき」という古歌があります。年を取れば取るほど、人間は知恵がついて、経験を重ねて、仏に近づきそうなものなのに、実際には逆で、年を取るほど仏からは遠くなっていく――自分の子どもたちを見ていると、まさにそう実感してしまいます。

それにしても、あの「めげなさ」は何なのでしょう。一日中怒られているのに、しゅんとするのは言われたときだけ。すぐに忘れて、元に戻ります。ちょっと怒られたくらいではめげません。

最近の言葉に、「逆ギレ」というものがあります。「逆ギレ」とは、要するに怒られて、めげているわけです。それを、怒りという感情で表現しているのが「逆ギレ」なのでしょう。それだけ、めげやすくて、なおかつそれを引きずる人が多いのです。

また大人になると、機嫌が直ったのに、それを素直に表せなくなります。本当はもう機嫌は直っているくせに、「機嫌を直したとわかられるのも、なんかしゃくだ」と、くだらないことを思って、不機嫌なままを装ってみたりします。

だれもが子どものころは、自在に生きていたはずです。**子どものように、引きずらずに、その瞬間だけを生きる。**それができたら、どんなに楽になれるだろうと思います。

子どもの生き方は、まさに禅的であり、私たちの見本でもあります。捨てる、捨てないだとか、前と後でどう違うかだとか、そんなことは考えてもいません。その瞬間しか生きていないのです。

何の計算もないし、「この人とつき合ったら得だな」とか、そんな底知恵も何もありません。その姿から学ぶべきことは非常に多いですし、「大人って無理を言ってるよな」とも思います。

大人は「みんなと仲良くしなさい」なんて何気なく言いますが、大人だってそんなこと、簡単にはできないわけです。できないから、苦しんでいるのです。

けっして大人が完成品で、子どもが未完成などということはありません。子どもは子どもで、今の瞬間は当然、完成品なのです。

子どもの成長を見ていると、毎日のように体は大きくなりますし、できることも増えていきます。それを見ていると、「私はどうなんだ……」と思います。

「一年前に比べて、何かできるようになったんだろうか」――愕然とします。できなくなったことのほうが増えているのですから……。

子どもであれ、新入社員であれ、老人であれ、その瞬間瞬間で完成品です。だからこそ、学ぶべきことは多いのです。

流れる時間に身をゆだねてみる

坐禅をしていると、いっとき時間という概念がわからなくなることがあります。同じ四〇分の坐禅であっても、「あっという間に終わったな」と感じるときもあれば、「長かった」と感じるときもあるということです。

坐禅の間は、時計を見ることができません。終了の合図があるまで、ただ坐る。その間は、時間という概念から解き放たれているわけです。

たしかに時計があれば、時間には絶対的な長さがあります。しかし時計がなくて、自分の感覚だけに頼っていれば、絶対的な長さはなくなります。

楽しいことをしているときは早く過ぎるし、つらいことをしているときは長く感じる。時間は、自分の気持ちによって短くも長くもなっていくのです。


修行道場に入ったときには、すぐに曜日の感覚がなくなりました。修行には必要がないからです。土曜日も日曜日も関係ありません。

ただ、日にちは意識しました。たとえば、二のつく日は托鉢があるとか、日で決まっている行事が多いからです。ですから、今日が何日かということは覚えていましたが、何曜日なのかは覚えていませんでした。それでも気にならないのです。

現実には、生活するうえで時計から離れるということは無理でしょう。しかし、先ほどお話ししたように、楽しいときには時間は早く過ぎ、苦しいときにはゆっくりと過ぎます。

それはしかたがないことなのです。**自分でコントロールできるものではありません。**

であるならば、時間という流れに身をまかせてしまうのがいちばん自然なあり方でしょう。朝がくれば起きればいいし、夜になれば寝ればいいのです。

暦というのは、何百年、何千年とかけて取られた統計ですから、ものすごいものだと思います。先人が季節の変化、月の満ち欠けといった自然の移り変わりを記録し、それを生活に活かしてきたわけですから。

たとえば、「寒木瓜《かんぼけ》の花が咲いたら肥やしをまけ」などといいます。一一月を過ぎて寒いころになったら、庭木に寒肥《かんぴ》を与えると成長によいということです。

それは理屈で計算したことではなく、数限りない失敗に裏づけされた経験則です。たまたまうまくいったことが、どういうタイミングだったのかが、語り継がれているわけです。

時間の流れの中で試行錯誤を繰り返して育まれた暦には、時間に束縛されるのではなく、時間に生活をゆだねた歴史があると思うのです。

今の生活は、時計に縛られすぎている側面があります。いつも時間に追われているような気がします。

もちろん、時計があるから、だれかと待ち合わせができますし、仕事も間違うことなくできるのですが、たまには時間に縛られるのではなく、ただただ流れる時間に身をゆだねてみるときがあってもいいのではないでしょうか。

私たちでいえば、それが坐禅の時間です。もちろん、だれかが時間を計っていて終了の合図をするのですが、**自分の時計をちらちら見ながら「あと何分」と気にすることなく、いつ終わるのかわからない、時計から解放された時間を過ごすのです。**

みなさんも一日に一度、時計を見ない時間を意識してつくってみてはいかがでしょうか。

長く感じたり、短く感じたりもする、自分だけの時間。これも心の余裕を生むきっかけになるはずです。

お坊さんにならう こころが調《ととの》う 朝・昼・夜の習慣

発行日　2017年11月10日　第1刷
　　　　2018年 3 月16日　第2刷

Author　平井正修

Book Designer　鈴木大輔（ソウルデザイン）

Illustrator　加納徳博

Publication　株式会社ディスカヴァー・トゥエンティワン
〒102-0093　東京都千代田区平河町2-16-1 平河町森タワー11F
TEL　03-3237-8321（代表）
FAX　03-3237-8323
http://www.d21.co.jp

Publisher　干場弓子

Editor　三谷祐一（企画協力／大竹稽、編集協力／横山愛麿）

Marketing Group
Staff　小田孝文　井筒浩　千葉潤子　飯田智樹　佐藤昌幸　谷口奈緒美　古矢薫　蛯原昇
安永智洋　鍋田匠伴　榊原僚　佐竹祐哉　廣内悠理　梅本翔太　田中姫菜　橋本莉奈
川島理　庄司知世　谷中卓

Productive Group
Staff　藤田浩芳　千葉正幸　原典宏　林秀樹　大山聡子　大竹朝子　堀部直人　林拓馬
塔下太朗　松石悠　木下智尋　渡辺基志

E-Business Group
Staff　松原史与志　中澤泰宏　西川なつか　伊東佑真　牧野類

Global & Public Relations Group
Staff　郭迪　田中亜紀　杉田彰子　倉田華　李瑋玲　連苑如

Operations & Accounting Group
Staff　山中麻吏　小関勝則　奥田千晶　小田木もも　池田望　福永友紀

Assistant Staff
俵敬子　町田加奈子　丸山香織　小林里美　井澤徳子　藤井多穂子　藤井かおり
葛目美枝子　伊藤香　常徳すみ　鈴木洋子　内山典子　石橋佐知子　伊藤由美
小川弘代　越野志絵良　小木曽礼丈　畑野衣見

Proofreader　株式会社鷗来堂

DTP　朝日メディアインターナショナル株式会社

Printing　シナノ印刷株式会社

ISBN978-4-7993-2194-2